Evelyn Christenson

Was geschieht,
wenn Frauen beten

Evelyn Christenson ist Vorsitzende der United Prayer Ministries, Minneapolis, und hält zum Thema Gebet regelmäßig Vorträge auf Freizeiten, Tagungen und Gebetsseminaren.
Viola Blake ist stellvertretende Redakteurin der Zeitschrift ENTSCHEIDUNG, Minneapolis.

Alle Bibelzitate stammen, soweit nicht anders vermerkt, aus der Revidierten Lutherübersetzung 1984.

3. Auflage 1998
Bestell-Nr. 391.451
ISBN 3-7751-1451-3
© Copyright 1975 by SP Publications, Inc., Wheaton, Ill., USA
Originaltitel: What happens when women pray
Übersetzt von Dagmar Fecht
© Copyright 1989 der deutschen Ausgabe by Hänssler-Verlag,
Neuhausen-Stuttgart
Umschlaggestaltung: Daniel Dolmetsch
Printed in Austria

Inhalt

Einleitung

1968 war ich Vorsitzende für die Frauenarbeit der Baptisten-konferenz, die an einer Nord- und Südamerika umfassenden Evangelisation beteiligt war. Meine Aufgabe bestand darin, mit den Frauen meiner Gemeinde ein sechsmonatiges Experiment unter dem Motto »Was geschieht, wenn Frauen beten« durchzu-führen. Durch dieses Experiment erlebten wir so viele aufregen-de, ja umwälzende Dinge, daß ich begann, die ausgearbeiteten Methoden des Gebets auf Freizeiten, Konferenzen und in Ar-beitsgruppen in ganz Amerika und auch in Kanada vorzutragen. Als wir 1972 mit der Familie nach St. Paul in Minneapolis zogen, hielt ich dort sechswöchige und später fünfwöchige Gebetsseminare ab. Schließlich kürzte ich das Material so, daß es in eintägigen Seminaren (in je drei Doppelstunden) durchge-arbeitet werden konnte.

Ein Ausschuß, der sich aus Vertretern fast aller Kirchen eines bestimmten geographischen Gebietes zusammensetzt, organisiert und fördert die Seminare. Oft kommen die Teilneh-mer aus über hundert protestantischen Kirchen und auch aus der katholischen Kirche.

Im Frühjahr 1974 öffneten wir die Seminare auch für Män-ner und Jugendliche. Das hat sich als großer Gewinn herausge-stellt, denn ganze Familien haben gelernt, miteinander zu beten. Pastoren verwenden das Material bei Gebetstreffen, Gebetswo-chen und Sonntagsschulstunden ihrer Gemeinden. Das ist nicht ohne Wirkung geblieben!

Ein Pastor berichtet, was in seiner Gemeinde geschah: »Un-ser Treuhandausschuß hatte die Vertreter zweier Kreditanstalten zu uns gebeten, da wir 226 000 Dollar für einen Gemeindeanbau benötigten. Als wir beide Vertreter angehört hatten und noch unschlüssig beratschlagten, bat ich um eine fünfzehnminütige Pause. Ich informierte die Ausschußmitglieder über die kurzen und einfachen Gebete, die ich in Ihrem Seminar gelernt hatte und erinnerte sie mit Psalm 66,18 daran, daß Gott uns nicht erhört, wenn wir Unrechtes im Sinn haben. Dann gab ich ihnen genaue Anweisung, zuerst ihre Sünden zu bekennen, bevor wir Gott um Weisheit baten, wie wir das Geld beschaffen sollten. Dann teilte ich sie in sechs kleine Gebetsgruppen auf verschiedene Räume im Haus auf. Schon nach fünfzehn Minuten kamen sie zurück und beschlossen einstimmig, was Gott jedem einzelnen von ihnen gesagt hatte: ›Leiht euch das Geld nicht von einer Kreditanstalt, sondern von den Mitgliedern eurer eigenen Gemeinde.‹ Auf der Stelle bekamen wir nicht nur 226 000, sondern 250 000 Dollar zusammen – mehr als wir benötigten – ohne auch nur eine Bank zu betreten!«

Der Erstellung des vorliegenden Materials in Buchform gingen viele Gebetserhörungen voraus – angefangen bei der Tonbandaufnahme der Seminarstunden über das Abschreiben der Tonbänder bis zur Bearbeitung des Manuskripts. Viola Blake legte Gott die Aufgabe aufs Herz, bei der Buchproduktion zu assistieren.

Jeder Schritt zur Vorbereitung der Gebetsseminare und dieses Buches wurde vom Beratungsausschuß und den Telefongebetsketten durchgebetet mit der Auflage, »nur dafür zu beten, daß Gottes Wille geschieht«. Wir haben uns nicht auf unsere Planung oder Beziehungen verlassen, sondern allein auf das Gebet.

Wir wissen nicht, wer Sie sind und welche Bedürfnisse Sie haben, wenn Sie dieses Buch lesen, doch wir beten täglich für Sie, daß Gott Ihnen den nächsten Schritt im Gebet zeigen möge, den Schritt, der *sein Wille für Ihr Leben ist*.

Gebet ist die Antwort

»Des Gerechten Gebet vermag viel, wenn es ernstlich ist.«
Jak 5,16

»Herr, hilf! Wie soll ich nur diese acht Meckerliesen motivieren?« An einem kalten Januarmorgen hatten sie sich um meinen Eßzimmertisch versammelt – die Auserwählten, die gekommen waren, um beten zu lernen. Ich hatte gedacht, diese Idee würde sie begeistern. Waren sie nicht alle verantwortlich für verschiedene Frauenarbeitskreise in unserer großen Gemeinde? Aber stattdessen saßen sie nur da und meckerten.

Im Herbst des Vorjahres hatte der nationale Ausschuß unserer Kirche mich gebeten, innerhalb einer Nord- und Südamerika umfassenden Evangelisation ein Projekt zu leiten: In sechs Monaten sollte untersucht werden, was geschieht, wenn Frauen einer Gemeinde regelmäßig miteinander beten. Ich hatte zugesagt, denn damals hörte sich die Sache recht einfach an.

Doch am Neujahrsmorgen riß mich ein Gedanke aus dem Schlaf: »Das neue Jahr hat begonnen, und ich soll herausfinden, was geschieht, wenn Frauen beten!« Mein Kopf war vollkommen leer. Ich hatte keine Ahnung, wie und mit wem ich anfangen sollte. Panik erfaßte mich. Aber ich blieb still liegen und betete: »Herr, bitte hilf mir. Ich habe eine negative Einstellung zu dieser Aufgabe, ich sehe keine Lösung. Bitte zeig mir einen Weg!«

Plötzlich war mir, als öffnete sich eine Tür vor meinen Augen. Gott sprach zu mir, obwohl keine Stimme zu vernehmen war: »Evelyn, wenn du herausfinden willst, was geschieht, wenn Frauen beten, mußt du lernen, durch die Tür zu gehen,

9

die zu *mir* führt. Es ist die Tür des Gebets. Du mußt lernen, sie besser zu nutzen.« Ich sagte nur: »Danke, Herr! Jetzt weiß ich, was ich zu tun habe.«

In derselben Woche rief ich die acht Leiterinnen der Frauenkreise unserer Gemeinde, in der mein Mann als Pastor tätig war, zusammen. Ich hielt das für eine glänzende Idee. Diese Frauen hatten ja sicher nur darauf gewartet, beten zu lernen! Sie würden in ihren Arbeitsbereichen großen Einfluß haben.

Aber was geschah? Sie meckerten! »Ich bin die Leiterin meines Kreises«, sagte eine, »aber das einzige, was mir der Ausschußvorsitzende überläßt, ist das Schlußgebet!«

Eine andere bemerkte: »Unser Vorsitzender läßt mich für das Essen beten, das ist alles.«

Und so ging es weiter. Offensichtlich hatten sie nicht verstanden, was ich von ihnen wollte. Da flehte ich Gott schweigend um Hilfe an. Er antwortete: »Fang noch einmal von vorn an und erzähle ihnen von dir selbst.«

»Wißt ihr«, sagte ich daraufhin, »ich möchte euch etwas über die Frau eures Pastors erzählen. Ich halte niemals Sonntagsschulstunden oder Hausbibelkreise oder Vorträge, ohne vorher meine beiden zuverlässigen Gebetspartnerinnen um Unterstützung zu bitten. Wir drei bitten Gott ernsthaft, er möge mich die richtigen Worte finden lassen.«

»Aber als Pastorenfrau hast du das doch gar nicht nötig!« wandten sie ein.

»Doch«, beharrte ich, »die Frau eures Pastors braucht das Gebet; sie weiß genau, daß sie alles verpatzen kann, wenn sie nicht durch Gebet unterstützt wird.«

Es gelang mir noch immer nicht, diese acht Frauen anzusprechen. Ich mußte noch weiter ausholen. »Sechs Monate nach einer schweren Operation sollte ich einmal auf einer Freizeit einen Vortrag halten. Ich hatte gedacht, nach sechs Monaten Erholung würde es mir sicher blendend gehen, aber das stellte sich als Irrtum heraus. Mehrere Infektionen hatten den Genesungsprozeß verzögert. Es war damals unklug von mir gewesen, diese Verpflichtung einzugehen, aber nachdem es mir mein Mann im Auto bequem gemacht hatte, fuhr er mich dann doch zum Veranstaltungsort.

Während des ganzen Abendessens sagte ich kein Wort. Ich wußte, wenn ich jetzt sprach, hätte ich später nicht die Kraft, vor den Damen meine Ansprache zu halten. Um 10 Uhr abends war ich immer noch nicht aufgerufen worden – Sie wissen ja, wie es auf Frauenfreizeiten zugeht! Schwach und zitternd hielt ich nach der Vorsitzenden Ausschau. Ich wollte ihr sagen, sie solle das ganze vergessen, ich hätte nicht mehr genug Kraft, jetzt noch zu referieren. Sie bat mich, einen Augenblick zu warten und holte eine geistlich reife Beterin hinzu. Wir fanden einen kleinen Raum, der als Schlafzimmer hergerichtet worden war. Hier knieten wir nieder, und die beiden anderen Frauen beteten so lange, bis ich mich stark genug fühlte, um hinauszugehen und meine Ansprache zu halten. Zum Schluß der Veranstaltung hielten wir einen Gottesdienst am Kamin ab, bei dem 390 von 400 anwesenden Frauen ihr Leben neu Jesus Christus übergaben.«

Schließlich hatte ich meine acht Damen davon überzeugt, daß ihre Pastorenfrau hundertprozentig vom Gebet abhängig war, wenn sie sich aufmachte, Christus zu dienen. Zögernd fingen sie an zu beten.

»Oh, Herr, zeig mir den Weg!« »Herr, reinige mich!« »Herr, mach mich zu deinem Werkzeug!« Das war alles, was sie beim ersten Mal beteten, aber es war immerhin ein Anfang.

Bekehrung im Sportklub

Als sie nach und nach einfache Formen des wirkungsvollen Betens erlernten, begann Gott, diese einstigen »Meckerliesen« mit besonderen Gebetserhörungen zu ermutigen. Das erste aufregende Ergebnis war eine Bekehrung. Ich leitete einen wöchentlich stattfindenden Hausbibelkreis, dessen erklärtes Ziel es war, Frauen zu Christus zu führen. Aber nichts geschah. Ich erzählte den acht Frauen, die nun jeden Dienstagmorgen miteinander beteten, von dieser Sache und schlug vor: »Wir wollen uns auf eine Person in diesem Bibelkreis konzentrieren. Ich weiß, daß Marion Christus nicht als ihren persönlichen Erlöser kennt.« An diesem Morgen beteten wir sehr viel.

Dann erzählte ich ihnen, daß ich mit Marion zu Mittag essen wollte. Sogleich boten sie sich an, während der Mittagszeit und den ganzen Nachmittag über zu beten. Als sie sich verabschiedeten, sagte eine der Frauen:»Ich werde dafür beten, daß du mit ihr irgendwohin gehen kannst, wo ihr richtig miteinander reden könnt.«

Jede der Frauen nahm ein ähnliches Gebetsanliegen mit nach Hause, und ich fuhr zu Marion. Als ich bei ihr ankam, schlug sie vor:»Lassen Sie mich fahren!« So stieg ich mit meiner kleinen Bibel unter dem Arm in ihren Wagen, und wir fuhren zu ihrem Landsportklub. Haben Sie schon einmal jemanden in einem Sportklub zu Jesus Christus geführt? Ich hatte das noch nie versucht und wußte auch gar nicht, was mich erwartete.

Der Gastwirt wies uns mit ausgesuchter Höflichkeit einen ruhigen Eckplatz zu – genau das richtige für eine Unterhaltung! Wir redeten und redeten, während die Kellnerin uns frischen Kaffee brachte. Schließlich sagte ich:»Wissen Sie, Marion, ich glaube, wir hören jetzt auf zu reden und setzen uns ins Auto, um zu beten.«

Worüber hatten wir gesprochen? Marion hatte mich über Jesus ausgefragt.»Wie nimmt man Jesus in sein Leben auf? Was bedeutet es, Jesus in seinem Herzen zu haben? Wie ist es, mit ihm zu leben?« Fragen über Fragen. Um 3.20 Uhr sprang Marion jedoch von ihrem Stuhl auf, wir gingen zum Parkplatz und setzten uns ins Auto. Marion neigte den Kopf und betete:»O Gott, vergib mir alle meine Sünden, und bitte, Jesus, komm zu mir als mein Erlöser.« Marion hatte zu Christus gefunden.

Ein weiterer aufregender Aspekt dieser Geschichte wurde mir am darauffolgenden Donnerstagmorgen klar, als mich die Frau, die mir einmal in der Woche beim Saubermachen half, beim Öffnen der Eingangstür mit der Frage bestürmte:»Was ist am Dienstag passiert?« Ich fragte zurück, was sie damit meine. Sie erklärte mir:»Am Sonntag hat der Herr mir aufgetragen, zu fasten und zu beten. Also aß ich nichts und betete bis Dienstagnachmittag. Da sprach der Herr zu mir: ›So Mary, nun kannst du wieder essen.‹ Was ist also am Dienstag passiert?«

Ich erzählte ihr von der Bekehrung Marions. Da schloß mich die hühnenhafte Mary in ihre gewaltigen Arme, und auch ich umfaßte sie, so gut es ging, und so standen wir da und weinten, denn wir hatten beide monatelang gemeinsam für Marion gebetet.

Gebete statt Pläne und Programme

Wir lernten, wieviel geschehen konnte, wenn wir überhaupt nicht planten, sondern nur beteten. An einem Sonntagmorgen nach dem Gottesdienst erreichte uns in der Gemeinde ein Ferngespräch. Arthur Blessit aus Kalifornien fragte an, ob er unsere Kirche für ein Treffen am Dienstagabend benutzen könne.»Ich werde euch keine Umstände machen«, sagte er.»Ich möchte nur einige Hippies für Christus gewinnen.«

Mein Mann sagte zu, und Arthur traf am Dienstagmorgen ein. Wir hatten keine Zeit gehabt, das Treffen öffentlich bekanntzumachen. Unser einziges Werbemittel war die»Untergrund-Presse« der Hippies. Am Dienstagmorgen traf sich jedoch unser Gebetskreis. Die Gemeindeküche war bis auf den letzten Platz mit Frauen besetzt, die nur ein Anliegen hatten: daß die Hippies der Umgebung von dem geplanten Treffen in unserer Kirche erfahren würden.

Plötzlich stürzte die Gemeindesekretärin in die Küche und unterbrach unser Gebet mit der Nachricht:»Der für kirchliche Angelegenheiten zuständige Zeitungsredakteur will Arthur Blessit interviewen, und jetzt liegen sie auf ihren Knien und beten!« Der Redakteur nahm Christus in sein Leben auf. Die Meldung über Arthur Blessits Veranstaltung für die Hippies erschien auf der Titelseite der Abendzeitung. Wie sonst hätte man eine Nachricht in so kurzer Zeit verbreiten können?

1100 Hippies strömten an diesem Abend in unsere Gemeinde. Manche waren sogar aus dem etwa 100 Kilometer entfernten Chicago angereist – per Anhalter, mit dem Motorrad oder mit dem Auto. Einige von ihnen nahmen harte Drogen – aber sie kamen in Scharen. Als Arthur sie einlud, Christus in ihr Leben aufzunehmen, nahmen über hundert von ihnen die Einladung an. Es war nicht einfach, einen ruhigen Ort zu finden, um mit diesen jungen Leuten zu beten, da bereits in jeder Ecke jemand betete.

Mein Mann ist ein großer Organisator. Zur Zeit hält er Management-Kurse ab. Nach der Hippie-Veranstaltung legte er jedoch am darauffolgenden Sonntag seine bereits vorbereitete Predigt beiseite und verkündete:»Heute morgen kann ich nur über ein Thema sprechen: Was geschieht, wenn wir nicht planen, sondern beten.«

Erst beten, dann planen

Gott erwartet von uns Ordnungsliebe, Disziplin und sorgfältiges Planen, aber wie anders sähe es doch in unseren Familien, Gemeinden, christlichen Frauengruppen, Bibelkreisen usw. aus, wenn wir lernten, zuerst zu beten und dann zu planen. Es könnte ja sein, daß wir in die eine Richtung planen, während Gottes Wille in die andere Richtung geht. Dann möchte Gott uns sagen:»Halt! Ändert die Richtung! Mein Wille für euch ist ein anderer Weg!«

Aber selbst wenn wir nach Gottes Willen leben und in die richtige Richtung gehen, kommen wir vielleicht nur im Schneckentempo vorwärts. Gott sagt:»Du siehst nur ein Zehntel von dem, was ich mit dir vorhabe. Neun Zehntel davon sind dir völlig unbekannt!«

Gott will, daß wir ihm stets zur Verfügung stehen und uns vor jedem neuen Vorhaben an ihn wenden. Wenn wir beten, ehe wir planen und zu ihm sagen »Herr, sage mir, was ich tun soll, wohin ich gehen soll und wie ich es tun soll«, wird unser allmächtiger Gott die ganze Fülle des Himmels und seine Kraft auf uns herabströmen lassen. Statt uns unseren winzigkleinen Plänen nachlaufen zu lassen, will Gott den Himmel öffnen und seine Gaben auf uns herabschütten. Ist das nicht spannend?

Als wir anfingen zu beten, war unsere beste Quelle für Gebetsanliegen die Kinderarbeit unserer Gemeinde. Unsere Sonntagschulmitarbeiterin Gail, die mehrere wunderbare Gebetserhörungen erlebt hatte, machte eines Tages einen guten Vorschlag: »Wir wollen zuerst beten – und dann planen!« Dies wurde zum Motto unserer Gemeinde. Während der Ferienbibelschule in jenem Jahr richteten wir ein Zimmer als Gebetsraum her und baten die Teilnehmer, ihre Gebetsanliegen aufzuschreiben. In den Pausen versammelten sich dann die Lehrer und Helfer im Gebet.

Aus einer Gruppe erhielten wir ein dringliches Anliegen: Kein einziges Kind hatte Christus in sein Leben aufgenommen, obwohl die Bibelschule schon seit über einer Woche begonnen hatte. An jenem Mittwochmorgen beteten wir alle für dieses eine Anliegen. Weder der Lehrer noch der Bibelunterricht änderten sich – aber was für eine Wirkung hatte doch das Gebet! Als ich diese Gruppe besuchte, erhoben 23 Kinder die Hand, um Christus in ihr Leben aufzunehmen. Das geistliche Barometer unserer Gemeinde stieg sprunghaft an!

Nicht ohne Tränen

Meine ersten Notizen für den Bericht, der für unsere nationale Gebetskonferenz bestimmt war, machen deutlich, was während der sechs Monate geschah, als wir beten lernten:

Januar – die Meckersitzung: »Reinige mich; mache mich zu deinem Werkzeug; vergib mir; zeig mir den Weg.« Sonst geschah nichts.

Februar – Eifer statt Klagen: Sie waren aufgeregt und erkannten ihren eigenen Wert im Gebet.

März – Große Freude und viele gemeinsam erlebte Gebetserhörungen. Veränderungen im Alltag durch das Gebet.

April – Wir waren tief bewegt, als wir herausfanden, was »ernstliches Gebet« wirklich bedeutet.

Mai – Wir beanspruchten den Sieg über Satan, da unsere Gebete auch ganz konkret erhört wurden. Wir lernten, daß Satan in Aktion tritt, wenn wir wirklich beten – und nicht, wenn wir über das Beten nachdenken oder Bibelverse über das Beten auswendig lernen. Das Aufregende dabei ist jedoch, daß wir durch das Gebet Satan besiegen.

Juni – Aufgrund reger Nachfrage öffneten wir unseren Gebetskreis für alle Frauen unserer Gemeinde. In sechs Monaten hatten wir gelernt, daß das »ernstliche Gebet eines Gerechten« mehr vermag als alle Pläne und Programme.

Kürzlich zitierte unsere Lokalzeitung einen okkulten »Hohenpriester«. Er sagte, die amerikanischen Kirchen hätten die Verbindung zum Übernatürlichen verloren und beschäftigten sich nur noch mit Plänen, Programmen und sozialen Aktivitäten. Jeder Mensch besitze von Natur aus ein übernatürliches Vakuum. Weil die Christen diesen Bereich vernachlässigten, sei er der Meinung, daß die Magie ein brauchbarer Ersatz für den christlichen Glauben sei.

Können wir in unseren Gemeinden die Verbindung zum Übernatürlichen aufrechterhalten? Ich glaube ja, denn »ernstliches Gebet« kann übernatürliche Wirkungen hervorrufen.

Den Frauen einer Gemeinde mit 4 000 Mitgliedern wurde dies auf einem Gebetsseminar klar. Eine Woche später erzählte mir die Frau von einem der vier Gemeindepastoren: »Das Erstaunlichste, was dabei geschah, war, daß der Heilige Geist kräftig durch unsere Gemeinde wehte. Wir waren nämlich nahe daran, uns zu spalten. Unsere Kinderarbeit wurde von Sonntag zu Sonntag uneffektiver, und die Mitarbeiter liefen davon. Als nichts mehr half, beschlossen wir, es mit Gebet zu versuchen. Und siehe da, die Probleme wurden gelöst und die Einigkeit wiederhergestellt.«

Ein Jahr später traf ich diese Frau wieder. »Wie läuft es in Ihrer Gemeinde?« fragte ich sie. »Immer noch bestens«, lautete die fröhliche Antwort.

Einmütigkeit

Daß das Gebet »viel vermag«, war offenkundig, aber es sollte noch besser kommen. Eine Überraschung, die wir erlebten, war die außergewöhnliche Einmütigkeit, die wir überall dort vorfanden, wo Menschen lernten, miteinander zu beten. Allerdings trifft das nur auf den Leib Christi und nicht auf bloße Namenschristen zu!

Letztes Jahr traf ich den Pastor der Gastgebergemeinde, in der unser erstes Gebetsseminar stattfand. Er berichtete:»Du weißt doch, Evelyn, daß im vergangenen Monat unsere Tochter bei einem tragischen Unfall ums Leben kam. Bei ihrer Beerdigung geschah etwas Erstaunliches: Priester, Pastoren und Laienprediger aller Kirchen der Umgebung waren gekommen. Das wäre nicht möglich gewesen, wenn die Frauen nicht gelernt hätten, miteinander zu beten.«

Lag dies etwa daran, daß sie an sechs aufeinanderfolgenden Gebetstreffen teilgenommen hatten? Nein – aber sie hatten die einigende Kraft des Gebets kennengelernt!

Marcella, die Frau des Bürgermeisters einer kleinen Stadt in Nordminnesota, hatte eine klare Vorstellung davon, was Gott tun kann, wenn Frauen beten. Eines Tages rief sie mich an und sagte:»Evelyn, mir liegt unsere Stadt am Herzen. Hier gibt es so viele Christen, aber jeder geht seinen eigenen Weg. Wir konkurrieren eher miteinander, als uns gemeinsam für die Sache des Herrn einzusetzen. Könntest du zu einer Konferenz kommen?«

Das Wunderbare an dieser Tagung war, daß sämtliche Kirchen Vertreter entsandt hatten. Nach der Konferenz kam eine Frau auf mich zu und sagte:»Ich bin die Vorsitzende des Frauenausschusses dieser Stadt, und ich weiß, warum unsere Tagung ein solcher Erfolg war.« Ich bat sie, es mir zu erklären.

»Also, im Mai sagte Marcella zu uns: ›Wenn Evelyn zu der Konferenz kommt, erwartet sie, daß ihr betet. Fangt also bitte damit an!‹ So trafen wir uns von Mai bis Oktober regelmäßig alle 14 Tage zum Gebet.«

Plötzlich kam ein hübsches junges Mädchen mit blondem Haar auf mich zu und fragte:»Warum bin ich hier?«

»Ja, wissen Sie denn nicht, warum Sie hier sind?« fragte ich augenzwinkernd zurück.

»Nein, ich weiß es nicht«, beharrte sie.»Ich war noch nie in dieser Kirche, aber heute nachmittag ist mir etwas sehr Sonderbares passiert. Mir war mit einem Mal, als würde ich von einer unwiderstehlichen Macht getrieben, zu dieser Konferenz zu gehen. Nun bin ich hier – aber warum?«

Ich blickte sie an und fragte: »Kennen Sie Christus als Ihren Erlöser?« »Nein«, erwiderte sie. »Möchten Sie ihn gern kennenlernen?« fragte ich weiter. Sie nickte mit dem Kopf. Wir gingen nach unten und beteten miteinander, und sie nahm Christus als ihren persönlichen Erretter in ihr Leben auf.

Marcellas nächstes Projekt für die christlichen Frauen ihrer Stadt war eine Freizeit. Einige Monate später kamen die Frauen, die bereits die Erfahrung dieser wunderbaren Einheit in Christus gemacht hatten, zu dieser Freizeit zusammen. Das blonde junge Mädchen, mit dem ich zuvor gebetet hatte, war auch dabei. »Jetzt weiß ich,« sagte sie, »was es mit jener unwiderstehlichen Macht auf sich hatte. Sie kam von Gott. Mein Mann ist seit Jahren Christ, und Gott hat ihn nun in den hauptamtlichen Dienst berufen – und ich war noch nicht einmal bekehrt! Nun werde ich bald die Frau eines Pastors. Mein Mann hat sich zum Studium eingeschrieben. Was für eine schlechte Pastorenfrau hätte ich abgegeben, wenn ich noch nicht einmal Jesus als meinen persönlichen Erlöser gekannt hätte!«

Am Schluß der Freizeit bemerkte eine Teilnehmerin: »Wir sollten dies ›die Sitzung der roten Nasen‹ nennen. Schauen Sie sich doch einmal um – lauter Tränen und rote Nasen!« Sie hatte recht. Frauen, die vorher die Straßenseite gewechselt hatten, um nicht miteinander sprechen zu müssen, waren sich auf einmal einig und liebten sich in Jesus Christus. Hier war wirklich etwas geschehen! Eine unwiderstehliche Macht war am Werk gewesen – weil Frauen gebetet hatten.

Eines Tages traf mein Mann den Hausmeister in unserer Gemeinde, dem beim Staubsaugen der Schweiß von der Stirn rann. Er war ein sehr reifer Christ, verlor jedoch durch seine Arterienverkalkung zunehmend sein Denk- und Arbeitsvermögen. Als mein Mann sah, wie er sich mit dem Staubsauger abmühte, blickte er nach unten und stellte fest, daß der Stecker nicht in der Steckdose war! Der arme Kerl hatte den ganzen Saal gesaugt, ohne den Staubsauger an die Kraftquelle anzuschließen.

Geht es vielen von uns nicht ähnlich? Wir mühen uns ab, kämpfen und planen, bis wir vor Erschöpfung zusammenbrechen – haben aber vergessen, uns an die geistliche Kraftquelle anzuschließen. Und diese Kraftquelle ist das Gebet, das »ernstliche Gebet« eines Gerechten, das viel vermag.

Vielleicht möchten Sie dieses Gebet nachsprechen:

»Lieber Vater, zeige mir, wie ich von deiner Kraftquelle leben kann. Amen.«

Es dauert gar nicht so lange

»Wenn ich Unrechtes vorgehabt hätte in meinem Herzen, so hätte der Herr mich nicht gehört.«   Ps 66,18

»Wie läuft es, Mrs. Chris?« fragte mich Steve, ein junger Freund aus meiner Gemeinde immer, wenn er übers Wochenende von der Handelsakademie »Harvard Business School« nach Hause kam.

Manchmal antwortete ich:»Bestens. Wir haben entdeckt, wie wir beten sollen, und was glaubst du, was inzwischen schon alles passiert ist! Es ist einfach großartig!«

An anderen Tagen fiel meine Antwort anders aus:»Diese Woche sind wir ganz schön auf die Nase gefallen. Ich weiß nicht mehr, wer den Vorschlag gemacht hatte, so zu beten, aber es hat überhaupt nichts gebracht!«

Schließlich war Steve es leid, sich immer unser Gejammer anhören zu müssen. Als wir uns einmal im Altarraum am Klavier begegneten, stützte er die Hände in die Hüften, schaute mich direkt an und fragte herausfordernd:*»Mrs. Chris, wieso dauert es eigentlich so lange?«*

Kleinlaut antwortete ich:»Steve, ich weiß es nicht. Ich wollte, ich wüßte es. Aber sicherlich ist es nicht Gottes Schuld. Wir sind noch am Lernen, und deshalb versuchen wir es immer wieder und machen auch Fehler. Ich weiß auch nicht, warum es so lange dauert.«

Seither sind viele Jahre vergangen und Steve ist Vizepräsident eines internationalen christlichen Werkes geworden. Im letzten Frühjahr ließ ich ihm ausrichten, daß es nun »nicht mehr so lange dauere«.

Einige Wochen später besuchte uns Steve und meinte: »Weißt du, als mir Jane deine Nachricht, daß es nicht mehr so lange dauere, überbrachte, verstand ich zuerst den Zusammenhang nicht. Aber dann fiel mir wieder meine Frage von damals ein.«

Als ich am nächsten Morgen das Frühstück zubereitete, erzählte ich Steve, warum es jetzt nicht mehr so lange dauerte.

Effektives und intensives Gebet schon in sechs Wochen

Bei unserem ersten Gebetsseminar am Weißen Bärensee in Minnesota waren zwanzig verschiedene Gemeinden vertreten. Während des sechswöchigen Seminars übten die Frauen, laut zu beten – manche noch zögernd, und die meisten sprachen einfache Gebete. In der fünften Stunde berichtete eine Frau, daß in einem Gymnasium okkulte Dinge vor sich gehen würden. Hexen würden in seltsamen Gewändern und mit entsprechenden Utensilien die Schüler – einschließlich ihrer Tochter – in der Hexenkunst unterrichten. Von den 250 anwesenden Frauen hatten viele ihre Kinder auf diesem Gymnasium.

Da fingen die Frauen an, ernstlich für die Schüler und deren Lehrer zu beten. Sie beteten so intensiv in ihren Gruppen, daß ich ans Mikrofon gehen und die Gebetsgemeinschaft beenden mußte, weil die Babysitter nach Hause mußten! Damit hatte Gott ihnen gezeigt, wie man schnell für eine dringliche Sache betet.

Und Gott erhörte ihre Gebete. Einige gläubige Eltern gingen zur Schulleitung, und diese gestattete christlichen Rednern, die Gefahren des Okkultismus aufzudecken.

Noch etwas anderes fiel mir bei dem ersten Gebetsseminar auf: Einige Frauen aus einer traditionellen Kirchengemeinde saßen immer in der zweiten Reihe. Jede Woche saßen sie am gleichen Platz! Sie machten mir richtig Mut. In der dritten Stunde kam eine von ihnen zur mir: »Wir möchten Ihnen sagen, daß wir nach zwei Wochen Gebet schon im ›April-Gebet‹ sind.«

»April-Gebet, April-Gebet, was war das nochmal?« überlegte ich. Dann fiel es mir wieder ein: Vor Jahren hatte ich dieser

Gruppe einmal gesagt, daß wir drei Monate – von Januar bis April – gebraucht hätten, bis unser Gebet so ernstlich war, daß die Anwesenden weinen mußten. Wir hatten gelernt, was echtes, ernstliches Beten bedeutet. »Erzählen Sie mir doch von Ihrem ›April-Gebet‹«, forderte ich sie auf.

Sie berichtete: »Nach der ersten Stunde ging unsere Gruppe nach Hause, und jeder verpflichtete sich, zu Hause täglich um 9 Uhr morgens für unsere Gemeinde zu beten. Bereits nach zwei Wochen geschah Überwältigendes, und jetzt sind wir schon beim ›April-Gebet‹.«

Zwei Wochen später brachte sie mir eine Kopie ihres Gemeindebriefes. Ich las, was der Pastor geschrieben hatte: »Wenn Frauen, die gelernt haben zu beten, soviel erleben, sollten wir als Familien anfangen zu beten!«

Der Pastor hielt sogar eine Predigtreihe über das Thema »Gebet«, weil diese kleine Gruppe praktizierte, was sie in der ersten Woche gelernt hatte.

Genau das finde ich so aufregend an den Gebetsseminaren. Es ist immer ein Kern von Frauen und Männern aus den verschiedensten Konfessionen dabei, die in ihre Kirche zurückgehen und sie auf den Kopf stellen.

Zu Steve sagte ich: »Diese Gruppe hat nur zwei Wochen gebraucht, um beten zu lernen. Nein, es dauert nicht mehr so lange.«

Sechs Monate, sechs Wochen, sechs Stunden

Der Leiter eines christlichen Jugendwerkes fragte mich einmal: »Könnten Sie unseren jungen Leuten auch in sechs Stunden beibringen, wie man betet? Wir wollen uns in einem College treffen, aber dort findet um 16 Uhr eine Hochzeit statt, so daß wir bis 15 Uhr das Gebäude verlassen haben müssen.«

Ich blinzelte und dachte: *Sechs Stunden? Sechs Wochen sind schon knapp, am Anfang brauchten wir sechs Monate, aber diese Gruppe will schon in sechs Stunden alles begriffen haben!* So entgegnete ich: »Ich weiß nicht, ob ich es kann, aber ich will es versuchen!«

22

Wir kamen um 9 Uhr morgens zusammen. Bereits um 11 Uhr hatten die Teenager – viele waren von der traditionellen Kirche enttäuscht – ihre Stühle zurückgeschoben, knieten auf dem Boden und beteten »ernstlich«. Vor kurzem führten wir unser erstes Tagesseminar durch. Ich mußte die Teilnehmerinnen vorwarnen, daß ich nicht wisse, ob es auch klappen würde, aber wir versuchten es. Morgens hielten wir nur eine kurze Kaffeepause, und nach dem Mittagessen ging es den ganzen Nachmittag ununterbrochen weiter. Am Ende des Tages sagte die Gruppenleiterin erstaunt zu mir: »Am meisten freut mich, daß 100 Prozent derjenigen, die gerade erst beten gelernt haben, so engagiert beten!« Wie lange dauert es? Eigentlich gar nicht so lange.

Frei zum Gebet für andere

Als ich mich mit meinen Gebetspartnerinnen Lorna und Signe traf, um gemeinsam zu beten, stand in unserer Gemeinde alles zum besten. In vier Jahren hatte sich die Mitgliederzahl verdoppelt, ein Bauprogramm stand an und unser Gemeindeprogramm war voller Aktivitäten, mit denen wir den Bedürfnissen der Gemeinde gerecht werden wollten. Und doch spürten wir drei, daß noch eine Dimension fehlte. Wir beschlossen, uns einmal in der Woche zum Gebet für die Gemeinde zu treffen – in unseren Augen ein sehr nobles Vorhaben.

Wir waren uns einig, unserem Gebet stets einen Bibelvers zugrunde zu legen, und Gott schenkte uns Psalm 66,18: »Wenn ich Unrechtes vorgehabt hätte in meinem Herzen, so hätte der Herr mich nicht gehört.«

»Herr, was meinst du damit?« fragten wir. »Wir wollen doch für die Gemeinde beten.« Aber er ließ nicht locker: »Wenn ich Unrechtes in *meinem* Herzen habe, so wird er *mich* nicht hören.« Sollte das auf mich, die Frau des Pastors, zutreffen? Und auf Lorna und Signe?

Gott ließ es nicht zu, daß wir für etwas anderes beteten, ehe wir nicht unser eigenes Leben in Ordnung gebracht und *unsere* Sünden bekannt hatten. Aber das dauerte ja so lange! Wir beteten und beteten, und Gott führte uns immer neue Sünden vor Augen. Nach unserem ersten Gebetstreffen dachten wir: »Das hätten wir geschafft, nächstes Mal fangen wir an, für die Gemeinde zu beten!« Aber als wir uns das zweite Mal trafen, kamen wir wieder nicht über Psalm 66,18 hinaus! Wir waren verwirrt. Gott zeigte uns immer neue Prioritäten, Gedanken, Reaktionen und Einstellungen, die vor ihm nicht bestehen konnten. Wir brauchten genau sechs Wochen, um über Psalm 66,18 hinaus dahin zu gelangen, daß wir ernstlich und effektiv beten konnten. Wenn wir uns heute begegnen, schütteln wir darüber immer noch den Kopf.

Müssen Sie in Ihrem Leben auch so vieles bereinigen? Vielleicht nicht, aber ich als Frau eines Pastors hatte es bitter nötig. Neulich fragte mich jemand, welche Sünden denn eine Pastorenfrau begehe oder ob diese Frage zu persönlich sei.

Weil ich keine Antwort parat hatte, beschloß ich, aus dem Gedächtnis eine Liste der Sünden zusammenzustellen, die wir damals bekannt hatten. Am eindrücklichsten war mir noch unsere Vorstellung, daß wir einen höheren geistlichen Status als andere hätten und daß wir *für* andere beten wollten. Gott zeigte uns, daß diese Vorstellung Sünde war.

Wir hatten noch andere Sünden bekannt:

Zwiespältige Motive

Wir standen alle drei im Dienst für Jesus und bildeten uns ein, daß wir nur zu seiner Verherrlichung Fürbitte tun wollten. Gott zeigte uns jedoch, wieviel Egoismus dahinter steckte – Erfüllung und Befriedigung für uns selbst und der Wunsch, in den Augen der anderen Gemeindemitglieder mehr zu gelten.

Vortäuschung falscher Tatsachen

Eine von uns dreien bekannte, sie sei zum ersten Mal ehrlich vor Gott. Die Menschen hatten sie auf ein geistliches Podest gestellt, und sie wagte selbst ihrer Familie gegenüber nicht zuzugeben, daß sie nicht so geistlich war, wie es alle dachten und ihr immer wieder bestätigten. Sie bekannte auch eine ungute Einstellung einem Familienmitglied gegenüber, eine Einstellung, die niemand je bei ihr vermutet hätte.

Stolz
Überrascht war ich, als Gott mir zeigte, daß das Gefühl »Schaut, was ich alles ausgearbeitet habe«, Sünde ist. Dieses Gefühl überkam mich immer, wenn ich in der Sonntagsschule für Erwachsene die Fotokopien für *meine* Stunde verteilte. Nie war ich mit meiner Vorbereitung zufrieden, ehe ich nicht die Bibliothek meines Mannes völlig ausgeschöpft, alle Kommentare fein säuberlich auf Matritze getippt und für alle vervielfältigt hatte.

Niemand von uns hatte eine Todsünde begangen, aber Gott zeigte uns nach und nach die »kleinen Sünden im frommen Mäntelchen«, an die Petrus gedacht haben könnte, als er schrieb: »Denn die Augen des Herrn sehen auf die Gerechten, und seine Ohren hören auf ihr Gebet; das Angesicht des Herrn aber steht wider die, die Böses tun« (1. Petr 3,12).

Was wir tun müssen, damit unser Gebet erhört wird

Wir drei lernten auf sehr praktische Art und Weise, daß wirksame Fürbitte an bestimmte Voraussetzungen geknüpft ist. Als wir im ersten Kapitel den Vers »Des Gerechten Gebet vermag viel, wenn es ernstlich ist« (Jak 5,16) betrachteten, haben wir ein Wort außer acht gelassen: des *Gerechten* Gebet. Nur sein Gebet vermag viel.

Wenn wir in Sünde leben und sie auch noch lieben, wenn wir eine bestimmte kleine Sünde hegen und pflegen, weil sie uns ein so schönes Gefühl gibt – dann wird Gott uns nicht hören.

Der Prophet Jesaja beschreibt die mißliche Lage eines solchen Menschen sehr anschaulich: »Hört zu! Der Herr ist nicht zu schwach, um euch zu retten. Und er ist auch nicht taub! Er kann euch hören, wenn ihr ruft! Eure Sünden aber haben euch von Gott getrennt. Wegen eurer Sünde hat er sein Angesicht abgewendet und will nicht mehr hören« (Jes 59,1-2; Living Bible).

Fragen Sie sich manchmal, warum Ihre Gebete nicht beantwortet werden? Wir werden noch viele Gründe dafür kennenlernen, aber ein Grund ist die Sünde: »Des Gerechten Gebet vermag viel, wenn es ernstlich ist.« Wenn Ihr Gebet nicht viel ausrichtet, könnte dies die Ursache sein. Vielleicht haben Sie diesen Punkt aber auch schon längst überwunden. Jedesmal, wenn ich meine, diese Sache im Griff zu haben, macht sich doch irgendwo noch ein Stückchen Stolz bemerkbar – und ich muß diese Sünde bekennen, sie sozusagen vor die Tür setzen. Erst dann kann ich weiterbeten.

Vielleicht liegt Ihr Problem auch nicht in *den Sünden,* sondern in *der Sünde.* Dieser Punkt ist sehr wichtig. Als unser Herr kurz vor seiner Kreuzigung mit seinen Jüngern sprach, kündigte er ihnen den Tröster, den Heiligen Geist an, der *die Welt* (diejenigen, die nicht Christi Nachfolger waren) von der »Sünde, daß sie nicht an mich glauben« (Joh 16,9), überführen würde. Um dieser Sünde willen wird Gott unsere Bitten nicht hören – die Sünde, die darin besteht, Christus nicht als unseren persönlichen Retter anzuerkennen. In diesem Fall können Sie nur Buße tun und Christus in Ihr Leben bitten, denn sonst haben Sie keinen Zugang zu Gott.

Auch als Christen sündigen wir. Wie gehen wir damit um? Leben wir einfach damit? Die einzige Lösung besteht darin, diese Sünden loszuwerden. Gott zeigt uns durch Johannes den Weg: »Wenn *wir* aber unsere Sünden bekennen, so ist er treu und gerecht, daß er uns *die Sünden* vergibt und reinigt uns von aller Ungerechtigkeit« (1. Joh 1,9). Diese Anweisung gilt für Christen. Sie sagt uns, wie wir gereinigt und auf ein wirksames Gebetsleben vorbereitet werden können.

Selbst kleine Sünden können die Verbindung zu Gott stören. Wir versuchen, zu Gott durchzudringen, aber irgendetwas versperrt uns den Weg. Dieses Etwas kann eine Einstellung sein oder ein gesprochenes Wort. Gott möchte diese Dinge bereinigen. Er möchte nicht, daß etwas zwischen ihm und uns steht. Falls doch, dann ist es nicht seine, sondern unsere Schuld, wenn seine Ohren unsere Gebete nicht hören.

Eine liebe Bekannte widersprach mir in diesem Punkt heftig: »Die Vorstellung, zuerst alles in meinem Leben in Ordnung bringen zu müssen, bevor ich eine gute Beterin werden kann, kann ich nicht akzeptieren.«

Eine andere meinte dazu: »Nicht für mich! Ich habe Zwillinge im Vorschulalter, und ganz egal, wie gründlich ich in meinem Leben aufräume, es passiert immer etwas, das ich bereinigen müßte, bis ich zu unserem Gebetstreffen komme. Bis ich mit den Kindern hier bin, sind zwischen Haustür und Gemeinde schon wieder Gedanken entstanden, für die ich um Vergebung bitten müßte, bevor ich für andere beten kann.«

Später habe ich erfahren, daß die Bekannte, die so heftig widersprochen hatte, eine schwere Sünde in ihrem Leben verbarg. Sie wollte sich diesem schmerzhaften Prozeß nicht unterziehen, aber Gottes Wort fordert uns dazu heraus. Die erste Voraussetzung für unsere Fürbitte ist also, daß nichts zwischen Gott und uns stehen darf.

Wie lange dauert es? Eigentlich gar nicht so lange.

Vielleicht hilft Ihnen folgendes Gebet:

»Lieber Vater, mache mir die Sünde oder die Sünden bewußt, die dich davon abhalten, meine Fürbitte zu hören.

Ich bekenne die Dinge, die du mir bewußt gemacht hast, als *Sünde*. Danke Herr, daß du mich rein machst, wie du es in 1. Johannes 1,9 verheißen hast, und mich befähigst, wirksam für andere zu beten.«

Einmütig beten

»Diese alle waren stets beieinander einmütig im Gebet samt den Frauen und Maria, der Mutter Jesu, und seinen Brüdern.«

Apg 1,14

»Evelyn, unsere Gemeinde hat sich ja völlig verändert, seit ich weggegangen bin. Wie kommt das nur?« wollte eine heimgekehrte Missionarin wissen. Ich erwiderte: »Ganz einfach – wir haben in den vier Jahren, die du und dein Mann in Äthiopien verbrachtet, beten gelernt.« Dann berichtete ich ihr, wie wir angefangen hatten, mit unterschiedlichen Gebetsformen zu experimentieren und schließlich die Form des »einmütigen Betens« in kleinen Gruppen entdeckten. Gottes Wort selbst hatte uns in der Apostelgeschichte dazu angeregt:

»Und als er das gesagt hatte, wurde er zusehends aufgehoben, und eine Wolke nahm ihn auf vor ihren Augen weg ... Da kehrten sie nach Jerusalem zurück von dem Berg, der heißt Ölberg und liegt nahe bei Jerusalem, einen Sabbatweg entfernt. Und als sie hineinkamen, stiegen sie hinauf in das Obergemach des Hauses, wo sie sich aufzuhalten pflegten: Petrus, Johannes, Jakobus und Andreas, Philippus und Thomas, Bartholomäus und Matthäus, Jakobus, der Sohn des Alphäus, und Simon der Zelot und Judas, der Sohn des Jakobus. *Diese alle waren stets beieinander einmütig im Gebet* samt den Frauen und Maria, der Mutter Jesu, und seinen Brüdern« (Apg 1,9. 12-14).

Es war für uns eine neue aufregende Entdeckung, daß in dieser bedeutsamen Zeit der Urgemeinde die Frauen in das Gemeindeleben integriert waren. Unter ihnen war Maria, die Mutter Jesu.

Bei dieser letzten Erwähnung Marias im Neuen Testament betet sie gemeinsam mit den Jüngern, Brüdern und anderen Frauen. Wären Sie nicht auch gerne dabeigewesen? Wofür haben sie wohl gebetet? Wir wissen es nicht, aber sicherlich waren sie ein Herz und eine Seele, als sie einmütig miteinander beteten.

Ihr Herr, Jesus Christus, hatte vor kurzem die Erde verlassen. Er war ihren Blicken entschwunden, doch die 120 Versammelten spürten in jenem Obergemach seine Gegenwart in ihrer Mitte. Vor kurzem erst hatte er zu seinen Jüngern gesagt: »Wo zwei oder drei in meinem Namen versammelt sind, da bin ich mitten unter ihnen« (Mt 18,20). Jesus meinte damit die Menschen, die *in seinem Namen* zusammenkommen und nicht einfach Menschen, die sich aus irgendeinem Grund treffen. Die Verheißung seiner Gegenwart richtet sich also nur an seine Jünger.

Herr, lehre uns beten!

Wir können aber noch mehr von diesen Betern im Obergemach lernen. Sie praktizierten, was Jesus sie über das Gebet gelehrt hatte, als er noch auf der Erde war. Angesichts des vorbildlichen Gebetslebens Jesu müssen die Jünger gespürt haben, daß ihnen selbst etwas Entscheidendes fehlte. In ihrer Not riefen sie: »Herr, lehre uns beten!« (Lk 11,1).

Auch heute spüren ernsthafte Nachfolger Christi, daß sie in Not sind. Oft laden wir mit viel Aufwand zu unseren Gebetskreisen ein und stellen dann fest, daß wir gar nicht recht wissen, wie wir beten sollen. Ich war eine von elf Verantwortlichen, die für eine Billy-Graham-Evangelisation in unserer Gegend 5 000 Gebetsgruppen bildeten. In einigen Gebetsgruppen, deren Teilnehmerinnen bereits fünf Wochen vor und während der Evangelisation miteinander gebetet hatten, geschahen erstaunliche Dinge. Andere Frauen dagegen erzählten mir, daß sie zwar viele eingeladen hätten, daß sie dann aber etwas hilflos vor der Aufgabe gestanden seien, tatsächlich gemeinsam zu beten.

Jesu Antwort auf die Bitte seiner Jünger ist einfach und doch eine große Hilfe: »Und wenn ihr betet, sollt ihr beten: ›Unser Vater im Himmel ...‹«. Dies ist, wie Sie wahrscheinlich wissen, der Anfang jenes Gebets, das wir auch das »Vaterunser« nennen. Beten – was ist das? *Gebet ist einfach ein Gespräch mit Gott, unserem Vater.* Jesus sagte auch nicht »mein Vater«, sondern »unser Vater«. Gott ist Ihr Vater, mein Vater, Jesu Vater – »unser Vater im Himmel«.

Es kommt etwas in Bewegung

Wenn wir anfangen, so miteinander zu beten – einmütig, im Namen Jesu, zu unserem Vater im Himmel – dann kommt etwas in Bewegung. Unsere Familie, unsere Gemeinde und unsere Gesellschaft verändern sich. Es genügt nicht, über das Gebet nachzudenken und darüber zu reden oder Bibelverse auswendig zu lernen. Erst wenn wir *wirklich beten*, kann etwas geschehen. Wir lassen uns dann nicht mehr von unserem Verstand blockieren, sondern packen durch das Gebet die Probleme beim Schopf.

Ein Zeitungsreporter interviewte mich: »Wie hoch sind denn die Teilnahmegebühren für Ihre Gebetsseminare?« »Wir erheben keine Teilnahmegebühren«. »Aber wozu machen Sie sich dann überhaupt all die Mühe?« Ich dachte einen Augenblick nach und sagte: »Mich fasziniert, daß Gebet das Leben so vieler Menschen verändert. Dafür lohnt sich jede Mühe. Wir denken nicht *über* das Gebet nach, sondern wir lernen zu *beten* – mit unserem Vater im Himmel zu sprechen.«

Eines Tages luden mich die Frauen einer anderen Gemeinde in unserer Stadt ein, sie beten zu lehren. Ich sagte zu. Einige Tage darauf holte mich eine der Frauen in ihrem roten Volkswagen ab.

Unterwegs fragte sie mich plötzlich: »Hätten Sie etwas dagegen, wenn unser Pastor heute nachmittag auch kommt?« Ich zögerte, da es mir wirklich nicht recht war, einen Pastor zu belehren. Doch meine Fahrerin machte mir Mut und sagte: »Er möchte so gerne kommen!« und ich willigte ein.

Der Pastor kam und setzte sich ein wenig abseits von uns in eine Ecke. Die Frauen dieser Gemeinde, von denen viele noch nie laut gebetet hatten, lernten die Grundlagen des Betens kennen. Danach teilten wir uns in kleinere Gruppen auf, und alle anwesenden Frauen beteten.

Eine Woche später saß ich bei einem Sonntagsschulmittagessen in der Nähe des zweiten Pastors jener Gemeinde. Unvermittelt wandte er sich mir zu und trompetete mit lauter Stimme: »Wissen Sie eigentlich, daß Sie unsere Gemeinde auf den Kopf gestellt haben?« Ich fragte ihn, was denn geschehen sei. Er erwiderte: »Nun – seitdem unser Pastor gehört hat, wie die Frauen beten und erfahren hat, wie wirksam Gebet ist, können wir nicht mehr zusammenkommen, ohne zu beten. Sogar bei den Buchbesprechungen in unserer Kirche beten wir.« Er schien darüber nicht besonders erfreut zu sein. »Nicht ich habe Ihre Gemeinde auf den Kopf gestellt«, konterte ich, »aber es ist gut möglich, daß Gott das getan hat.«

Kürzlich begrüßte mich ein Pastor an der Tür mit den Worten: »Ich freue mich, Sie endlich persönlich kennenzulernen! Heute wird eine Dame anwesend sein, die an einem Ihrer Gebetsseminare teilgenommen hat. Sie hat Kopien Ihrer Tonbänder gekauft und sie in den letzten elf Monaten in den Frauenkreisen unserer Gemeinde herumgehen lassen. Jeder Kreis hat sein eigenes Mini-Gebetsseminar veranstaltet, und ich konnte beobachten, wie sehr sich das Leben der Frauen verändert hat.«

Nicht nur für Frauen

An einem Herbstabend stürzte mein Mann mit einer Bitte des Ältestenrates ins Zimmer: »Würdest du bitte die Frauen fragen, ob sie unsere jährliche Gebetswoche in der ersten Januarwoche übernehmen?«

Ohne zu zögern – und ohne Gott nach seiner Meinung zu fragen – sagte ich zu Chris: »Sage deinen Ältesten und Diakonen, daß ich dazu nicht berufen bin. Gott hat mich beauftragt, Frauen beten zu lehren.«

Mein Mann trottete zum Ältestenrat zurück, der ihn ein zweites Mal zu mir schickten. Die Ältesten hatten unser Beten beobachtet und gemerkt, daß wir Frauen wirksame Gebetsformen gefunden hatten. Sie wollten nun, daß wir der ganzen Gemeinde das Beten lehrten. Also erklärte ich mich bereit, die Frauen nach ihrer Meinung zu fragen. Ihre Antwort war ebenfalls ein klares Nein.

Ich zeigte Verständnis, schlug jedoch vor, darüber zu beten. Nach einem ernstlichen Gebet gelangten wir zu der Einsicht, daß Gott durch diese Anfrage zu uns reden wollte. So stimmten wir zu, die Gebetswoche unter der Voraussetzung zu übernehmen, daß sie erst in der zweiten Januarwoche abgehalten würde. Der Ältestenrat war damit einverstanden. In der ersten Januarwoche schulten wir die Verantwortlichen der verschiedenen Gemeindekreise: Chor, Ältestenrat, Treuhänderausschuß und Sonntagsschule.

In der anschließend stattfindenden Gebetswoche war die Zahl der Teilnehmer etwa fünfmal so hoch wie sonst! Jungen und Mädchen, Männer und Frauen – vom Vorschulalter bis zu den »besten Jahren« waren alle Altersstufen und alle Bereiche des Gemeindelebens vertreten. Alle wollten *einmütig beten* lernen. Fast alle Anwesenden nahmen aktiv am Gebet teil, und Gott ermutigte uns durch konkrete Gebetserhörungen.

Besonders gut erinnere ich mich daran, wie aufgeregt die Jugendlichen waren, nachdem ich sie am Sonntagmorgen während der Gebetswoche mit dem einmütigen Beten vertraut gemacht hatte. Sie hatten vor allem zwei Gebetsanliegen: »Wir brauchen einen Jugendsekretär und einen Pianisten!« An jenem Morgen teilte sich die Jugend mit ihren Leitern in zwei Gruppen auf und betete. Mir war etwas flau im Magen. Was würde geschehen, wenn Gott ihre Gebete nicht erhörte?

Am Mittwoch danach kam ein Geschäftsmann aus unserer Gemeinde zu unserer Sonntagsschulmitarbeiterin Gail und sagte: »Der Herr hat mir aufs Herz gelegt, Jugendsekretär zu werden, und meine Frau würde gerne Klavier spielen, wenn sie in ihrer jetzigen Aufgabe abgelöst werden kann.«

Auch bei den jungen Erwachsenen hatte sich etwas getan. Ebenfalls am Sonntag hatten sich während des Gebets junge

Leute Gott für den Dienst in der Gemeinde zur Verfügung gestellt. Eine Schwesternschülerin schrieb auf ihre Karte: »Ich spiele überall Klavier, wo ich gebraucht werde.« Gail beauftragte sie, die Frau des Geschäftsmannes in deren bisheriger Aufgabe zu ersetzen. Am nächsten Sonntag begrüßte die Jugend voller Freude ihren neuen Leiter und die neue Pianistin. Gott hatte ihre Gebete erhört!

Einmütiges Beten

Wir, die Frauen der Gebetsgruppe, hatten den anderen lediglich beigebracht, was bereits in der Bibel steht: einmütiges Beten in kleinen Gruppen. Wie kann dies geschehen? *Indem man laut immer nur für ein Anliegen nach dem anderen betet, während die anderen still für dasselbe Anliegen mitbeten.* Auf diese Weise beten alle miteinander, ohne daß sich einzelne in Gedanken schon die Worte für ihre Gebete zurechtlegen.

Haben Sie schon einmal erlebt, daß in einer Gruppe jemand sehr lange betete? Und haben Sie gemerkt, daß Sie in Gedanken nicht wirklich dabei waren, sondern stattdessen überlegten, was Sie sagen würden, wenn Sie an die Reihe kämen? Ich kenne das nur zu gut. Zuerst sammelt man in Gedanken seine Anliegen, dann überprüft man sie noch einmal und schließlich denkt man sich Einleitung und Schluß des Gebets aus. Während ein anderer betet, bereitet man sein eigenes langes Gebet vor, statt still mitzubeten. Solches Beten ist nicht *einmütig!*

Wenn sich alle einmütig auf das Gebet konzentrieren, das gerade gesprochen wird, vereinigt es sich mit den stillen Gebeten der anderen. Seine Wirkung ist daher viel größer!

Ein Gebet für Sie:

»Vater, lehre mich, einmütig mit anderen zu beten und für *ihre* Anliegen mitzubeten.«

Eine Methode kann hilfreich sein

»Und wenn ihr betet, sollt ihr nicht viel plappern wie die Heiden; denn sie meinen, sie werden erhört, wenn sie viele Worte machen. Darum sollt ihr ihnen nicht gleichen. Denn euer Vater weiß, was ihr bedürft, bevor ihr ihn bittet.«

Mt 6,7-8

»Ihr wißt ja sicher alle schon, wie man betet. Ich passe gar nicht in eure Gruppe.« Mit dieser Bemerkung gesellte sich meine Nachbarin Betty eines Tages zu uns, als wir in einer Wohnung unseres Häuserblocks zum Gebet für die bevorstehende Billy-Graham-Evangelisation zusammenkamen. Einerseits wollte sie teilnehmen, aber andererseits hatte sie große Angst davor, laut zu beten, obwohl außer ihr nur noch drei weitere Frauen anwesend waren. In unseren Hauskreisen, Bibelstunden und selbst in Gebetsversammlungen gibt es viele Menschen wie Betty – und ihr Schweigen hat nur einen Grund: *sie wissen nicht, wie sie beten sollen.*

In unseren Gebetsseminaren hatten 50 Prozent der Teilnehmerinnen noch nie zuvor laut gebetet. Sie kommen aus der katholischen wie aus evangelischen Kirchen, aber mit Gott in der Gegenwart anderer Menschen zu sprechen, ist für sie ein großes Problem.

Zu meiner Nachbarin Betty sagte ich: »Doch, du paßt sehr gut zu uns. Es ist wirklich nicht schwer. Jemand nennt die Gebetsanliegen, und dann betet jede von uns nur einen Satz für eines der Anliegen. Dann kommt das nächste Anliegen.« Genau so haben wir es gemacht. Wir drei, die wir uns jahrelang im Gebet geübt hatten, beteten einen einfachen Satz für jedes

Anliegen – und ebenso Betty! Am Ende des Treffens hatte sie sogar viermal laut gebetet. Was geschieht also, wenn wir uns zurückhalten und auf die Rücksicht nehmen, die noch nicht so geübt sind? Viele werden sich zum erstenmal laut beten hören! Wir wandten die gleichen Regeln an, die wir uns damals ausgedacht hatten, als die Frauen verschiedener Gemeinden zusammenkamen, um Einmütigkeit im Gebet zu praktizieren: immer nur für ein Anliegen auf einmal zu beten, indem eine Person laut betet, während die anderen still für das gleiche Anliegen mitbeten. Wir hatten sechs Regeln aufgestellt, die alle anwenden können – Gebetsgruppenleiter(innen), geübte oder scheue und unerfahrene Beter(innen). Diese sechs Regeln sind nützliche Instrumente, die uns helfen, eine Gebetsgruppe in Gang zu bringen, neu Hinzugekommene zu motivieren und Schüchterne zu ermutigen, laut zu beten. Nun muß eine Gebetsgruppe aber nicht bei diesen Regeln stehenbleiben! Spannend wird es, wenn die Teilnehmer darüber hinauswachsen und spontan zu beten anfangen. Falls Ihre Gebetsgruppe gerade nicht gut läuft oder neu Hinzugekommene wieder wegbleiben, oder wenn Sie vielleicht eine Gebetsgruppe in Ihrer Nachbarschaft beginnen wollen, dann könnten Ihnen die folgenden sechs Regeln hilfreich sein:

1. Ein Anliegen nach dem anderen

Wichtig ist zunächst, daß immer nur für ein Anliegen in Einmütigkeit gebetet wird. Während eine Person laut betet, beten alle anderen still für das gleiche Anliegen mit, *ohne sich vorher ihre Gebete zurechtzulegen.* So konzentrieren sich alle nur auf eine Sache. Auch wird so niemand daran gehindert, für etwas Bestimmtes zu beten, weil ein anderer bereits das nächste Anliegen aufgegriffen hat.

Vielleicht sind Sie es gewohnt, für die ganze Welt zu beten, indem Sie in vielen verschiedenen Ländern jeden Missionar aufzählen, den Sie kennen. Das ist für Sie als Gebetsgruppenleiter(in) eine Gefahr. Sie sollten aber immer nur ein Anliegen nennen und dann selbst ein kurzes Gebet sprechen.

Es kann auch hilfreich sein, eine Liste parat zu haben und vorzuschlagen, für »Frau Sowieso« in nur einem Satz zu beten. Dann beten Sie nur einen Satz und warten, bis alle anderen für das gleiche Anliegen gebetet haben, ehe Sie das nächste nennen. Da die Teilnehmer vor dem nächsten Anliegen umdenken und sozusagen »einen anderen Gang einlegen« müssen, ist eine kurze Pause angebracht. Dann kann sich die Gruppe besser auf das nächste Anliegen konzentrieren.

Wenn die Teilnehmer lernen, einmütig für ein Anliegen nach dem anderen zu beten, wird das Gebet lebendiger und spontaner. Dann braucht der Leiter nicht mehr jedes einzelne Anliegen zu nennen, sondern nur noch das Gebet zu leiten. Sobald die Teilnehmer diese Methode beherrschen, werden sie geistlich so sehr eins sein, daß der Heilige Geist ihnen zeigt, wann das nächste Anliegen an der Reihe ist. Jeder in der Gruppe hat dann die Freiheit, für ein neues Anliegen zu beten. Bis eine Gruppe soweit ist, kann es zwar eine Weile dauern, aber dieses Aufeinanderabgestimmtsein ist unser Ziel. Dann wird der Leiter überflüssig!

Ich kann mich noch gut an den ersten Versuch dieser Art mit meiner Gebetsgruppe erinnern. Bis dahin war ich zu den Treffen stets mit einer Liste von Anliegen erschienen, auf die ich ab und zu ein Auge warf. An jenem Tag sagte ich Gott, daß ich die Liste verstecken und völlig darauf vertrauen wolle, daß er den Betern die Dinge ins Gedächtnis rufen würde, die ihm am Herzen lägen. Als ich nach unserem Gebet die Liste überprüfte, stellte ich erstaunt fest, daß die Anwesenden für alle Anliegen gebetet hatten!

Wenn wir ein Anliegen nach dem anderen durchbeten, kann jeder laut beten. Unabhängig davon, ob wir laut oder leise beten, beten wir alle einmütig für das gleiche Anliegen; niemand legt sich schon sein nächstes Gebet zurecht. Dadurch wird die Wirkung der Gebete, die gleichzeitig zu Gottes Thron emporsteigen, verstärkt.

2. Kurze Gebete

Kurze Gebete sind der zweite Schlüssel dafür, daß kleine Gebetsgruppen lebendig werden. Wenn jeder Teilnehmer in nur einem oder einigen wenigen Sätzen für ein bestimmtes Anliegen betet, kommen alle, die möchten, zu Wort. Niemand sollte gezwungen werden, laut zu beten. Gebet muß etwas Spontanes sein, etwas, das jeder von sich aus tun möchte. Wie können wir als Gruppenleiter zu kurzen Gebeten motivieren? Indem wir der Gruppe unseren Willen aufzwingen und bestimmen, daß alle nur kurz beten dürfen? Sicherlich nicht. Wir sollten jedoch den ersten Schritt tun, indem wir uns zurückhalten und selbst nur kurz und einfach beten und damit die Reservierteren zum Beten ermutigen. Wir helfen durch unser Verhalten der Gruppe, sich zu entspannen. Vielleicht liegt Gott sehr viel mehr an dem kurzen Gebet eines »neuen Beters«, der noch nie zuvor laut gebetet hat, als an dem wohlformulierten Gebet eines Teilnehmers, der jahrelange Übung hat. Vielleicht schüchtern wir alten Hasen die anderen ein. Manche glauben sogar, Gott erhöre uns um unserer vielen Worte willen.

Als Jesus seine Jünger beten lehrte, erklärte er:»Und wenn ihr betet, sollt ihr nicht viel plappern wie die Heiden; denn sie meinen, sie werden erhört, wenn sie viele Worte machen. Darum sollt ihr ihnen nicht gleichen. Denn euer Vater weiß, was ihr bedürft, bevor ihr ihn bittet« (Mt 6,7-8).

Meinen wir vielleicht, erhört zu werden, weil unsere Gebete immer aus einer Einleitung, drei Hauptpunkten und einer Schlußfolgerung bestehen? Gott weiß, was wir brauchen. Es genügt, wenn wir unsere Anliegen vor ihm ausbreiten. Oft bleiben auch viele Anliegen unerwähnt, weil jemand, der in der Gruppe dominiert, langatmig für zwei, drei und mehr Anliegen betet!

Natürlich haben auch lange und ausführliche Gebete ihren Platz. Wenn Sie eine Versammlung im Gebet leiten sollen und dann nur einen Satz beten, werden sie wahrscheinlich alle Anwesenden schockieren! Zum richtigen Zeitpunkt und am richtigen Ort sind lange Gebete angebracht, aber nicht dann, wenn scheue und ungeübte Beter beten lernen.

3. Einfache Gebete

Drittens: *einfache Gebete* sind wichtig. Jemandem, der zum erstenmal betet, fällt es leichter, nur einen einfachen Satz zu beten, wenn die Gruppenleiter und die anderen Teilnehmer komplizierte Sätze und ein spezielles Gebetsvokabular vermeiden. Wenn wir unsere beeindruckende theologische Terminologie zu Hause in unseren Gebetskämmerlein lassen und unsere kurzen Gebete einfach formulieren, wird das auch den neuen und ungeübten Betern helfen, einfach und unkompliziert zu beten, und sie werden eher in der nächsten Woche wiederkommen.

Obwohl es mir damals nicht bewußt war, habe ich bei einer Gebetswoche vor einigen Jahren von einem unserer Gemeindeältesten etwas Wertvolles gelernt. Er war Ire und besaß einen wohlklingenden Akzent und einen reichen Wortschatz. Immer, wenn er laut betete, fühlten wir uns richtig erhoben. Dabei ergab sich allerdings ein Problem: Wenn er zu Ende gebetet hatte, traute sich niemand mehr, sich anzuschließen! Um nichts in der Welt hätte ich nach so einem schönen, wohlformulierten Gebet laut gebetet! Ich erinnere mich noch, daß selbst mein Mann nach diesem ausdrucksvollen Gebet ein wenig zögerte, bevor er das Abschlußgebet sprach.

Kurz vor dieser Gebetswoche fragte ich mich nun, was sich wohl in der Gruppe, die dieser Ire leiten sollte, abspielen würde. An einem bestimmten Abend sollten wir zwei Gebetsgruppen leiten, die nur durch einen Plastikvorhang voneinander getrennt waren. Als ich meiner Gruppe die Anliegen vortrug, konnte ich mich schlecht konzentrieren, weil ich zu gerne wissen wollte, was auf der anderen Seite des Vorhangs geschah.

Ich hörte, wie er die Gebetsversammlung mit einem ganz einfachen Satz eröffnete. Verwundert spitzte ich die Ohren. Er fügte tatsächlich nichts mehr hinzu. Kurz darauf beteten auch alle Teilnehmer seiner Gruppe einen Satz. Dann betete er in einem Satz für das nächste Anliegen und verstummte. Wieder betete jeder in der Gruppe. Da ich die ganze Gruppe persönlich kannte, wußte ich, daß viele von ihnen noch nie zuvor laut gebetet hatten, aber an jenem Abend beteten alle.

Als wir diese neuen Gebetsformen in unserer Gemeinde ausprobierten, füllte sich allmählich ein ganzer Raum mit Beterinnen. Meine Nachbarin Eva erklärte jedoch, daß sie nie zu einem solchen Treffen kommen werde. Sie habe noch nie laut vor anderen gebetet und werde es auch nie tun. Ich wußte, daß in Evas Familie Bibelstudium und Andacht eine große Rolle spielten. Sie nahm ihren Glauben ernst. Darin lag auch nicht das Problem, sondern nur im Gebet vor anderen. In anderen Veranstaltungen drohte sie mir mit dem Finger, ich solle sie nur ja nie auffordern zu beten.

Ich versicherte ihr, daß wir nie jemanden unvorbereitet zum Gebet auffordern, aber sie kam trotzdem nicht zu unseren Gebetsversammlungen. Wenn wir zum Gemeindehaus fuhren, sahen wir sie hinter der Gardine stehen; weiter kam sie nicht. Eines Tages kam sie dann ohne weitere Erklärung dazu. Danach kam sie jede Woche, betete aber niemals laut.

Im Sommer verlegten wir unsere Versammlungen in einen Stadtpark. Während einer dieser Veranstaltungen hatte ich von Gott den klaren Eindruck empfangen, daß Eva an jenem Nachmittag laut beten würde. Aber egal, wie viele Anliegen ich nannte, Eva sagte keinen Ton. Obwohl es längst Zeit war, nach Hause zu gehen, nannte ich noch weitere Anliegen und wartete auf Eva. Plötzlich begann sie zu beten. Sie vergaß alle Regeln, die sie je gelernt hatte. Sie redete wie ein Wasserfall! An jenem Tag betete Eva für alle möglichen Anliegen auf der ganzen Welt.

Während der Gebetswoche bestand eine der Gruppen aus lauter Männern (einschließlich des Pastors und des Gemeindeleiters) mit einer Ausnahme: Eva! Meine Gebetsgruppe hatte nebenan Platz genommen, und ich spitzte die Ohren. Was meinen Sie wohl, wer als erste in jener Gruppe betete? Eva! Seither sagt sie zu mir: »Wenn ich es gelernt habe, dann kann es jeder lernen!«

4. Konkrete Gebetsanliegen nennen

Eine weitere Hilfe sind *konkrete Gebetsanliegen*. Konkrete Anliegen und konkrete Gebetserhörungen sind eine große Ermutigung weiterzumachen. Legen Sie sich ein Ringbuch oder einen Notizblock dafür an, es lohnt sich!

Wenn eine Gruppe auseinanderzufallen droht, ist die beste Ermutigung die Erinnerung an konkrete Gebetserhörungen von konkreten Gebetsanliegen. Wenn auf einmal die »Luft raus ist«, ziehen Sie einfach Ihr Notizbüchlein mit Anliegen und Gebetserhörungen hervor und weisen Sie darauf hin, wie Gott die Gebetsgruppe gebraucht hat, um Umstände und Menschen zu verändern. Nehmen Sie sich die Zeit, Gott für seine konkreten Antworten zu *danken*. Dann werden Sie erfahren, wie Ihre Gruppe neu belebt wird.

Wenn immer mehr Gebete konkret beantwortet werden, können Sie auch beobachten, wie sich die Beter verändern. Wenn sich die Teilnehmer Gebetserhörungen notieren, werden sie *ihren eigenen Wert im Gebet* erkennen. Das ist wichtig.

Versehen Sie die Gebetsanliegen und -erhörungen mit Datum. Gott wird nicht wie wir Menschen von der Zeit beherrscht, aber er ist sich der Zeit *bewußt*. Er antwortet zum richtigen Zeitpunkt. Wenn wir jedoch die Zeit im Blick behalten und darauf achten, *wann* Gott unsere Gebete erhört hat, können wir Wichtiges über Gottes Handeln erfahren. Im Laufe der Wochen, Monate und Jahre werden wir erkennen, daß seine Zeitplanung immer perfekt ist.

Wenn wir Gebetserhörungen im Gedächtnis behalten, entdecken wir vielleicht auch, *warum* manche Gebete nicht sofort beantwortet werden. Meine beiden Gebetspartnerinnen und ich beteten zwei Jahre lang jede Woche, bevor ich mit meinem ersten Hausbibelkreis begann. Vorher wäre ich für diese Aufgabe noch nicht vorbereitet gewesen − und Gott wußte das. Im Rückblick können wir oft erkennen, wieso manche Gebetserhörungen nicht sofort oder überhaupt nicht eintreffen.

Gott beantwortet unsere Gebete nicht nur oft zu einer Zeit, zu der wir es am wenigsten erwarten, sondern auch auf eine *Art und Weise*, mit der wir nicht rechnen. Gott antwortet vielleicht in einer Weise, die unseren Erwartungen vollkommen zuwiderläuft. Er weiß, was für uns am besten ist und macht keine Fehler.

Unsere Frauen machten diese freudige Entdeckung, als sie in unserer Gemeinde eine Party für Mütter und Töchter veranstalteten. Ruth Johnson, eine bekannte Rednerin und »Tochter« unserer Gemeinde, sollte ein Referat halten. Wir richteten einen Gebetsraum her und baten die Frauen, die beim Kochen und Dekorieren mithalfen, auch Zeit zum Gebet (besonders für den Dienst von Ruth Johnson) mitzubringen. Gottes Kraft war an diesem Abend deutlich spürbar!

Am nächsten Sonntag bat ich Ruth mit meinem kleinen Notizbuch in der Hand, in das ich immer die Gebetserhörungen eintrug, um eine ehrliche Antwort auf folgende Frage: »Was geschah Freitag abend, als du auf der Party dein Referat gehalten hast?«

Ruth atmete tief durch und fing fast zu weinen an: »Ev, das letzte Mal war ich in dieser Gemeinde zur Beerdigung meiner Mutter. Am letzten Freitag wurden alte Erinnerungen in mir wach. Als ich ankam, konnte ich noch nicht einmal die Tür öffnen, ich mußte immer an meine Mutter und die Sonntagsschulmitarbeiterinnen denken, die auch dasein würden. Ich konnte einfach nicht durch die Tür gehen. Aber auf einmal fühlte ich mich gestärkt. Ich kann es nicht erklären, aber ich fühlte mich befreit und ging hinein. Dreißig Jahre lang sind meine Vorträge und Lieder über Radio in viele Länder der Welt gesendet worden, aber noch nie habe ich so eine Kraft gespürt wie an jenem Freitagabend.«

Wenige Wochen darauf kehrte Ruths Bruder, der Missionar in Indien war, nach Hause zurück. Er fragte mich: »Evie, was hast du mit meiner Schwester gemacht?« – »Nichts«, antwortete ich. »Doch«, widersprach er, »seit ihr Frauen gebetet habt, ist meine Schwester ein ganz anderer Mensch.«

Nun hatte ich Ruth schon vorher für eine sehr reife Christin gehalten, aber durch dieses Ereignis lernte ich, daß wir unser Gebet nicht auf Menschen in Not beschränken sollten. Wir müssen auch für die beten, die im geistlichen Dienst stehen und die keine Bedürfnisse zu haben scheinen. Was hatten wir getan? Nur gebetet, und zwar gezielt. Und Gott wirkte.

5. *Stille*

Wenn zwischen Gebeten Stille eintritt, kann diese Stille ein Vorrecht und ein Segen sein. Geraten Sie deshalb nicht in Panik! Stille ist eine zusätzliche Dimension des Gebets (vgl. Kapitel 3). Gebet ist immer eine wechselseitige Unterhaltung mit Gott.

In unserer Zeit ist die Kunst der Stille in Vergessenheit geraten. Schon nach einigen Sekunden Stille in einer Gebetsgemeinschaft fühlt sich jemand verpflichtet, sich zu räuspern, mit den Füßen zu scharren oder nervös im Liederbuch zu blättern. Wir meinen, Gott ständig *an*reden zu müssen, während Gott uns etwas Tiefes offenbaren will. Er hat die Antworten auf unsere Fragen, möchte uns in Geheimnisse einweihen – und wir bombardieren ihn mit unseren »vielen Worten«. Wir vergessen, daß Gott auf seinem Thron nur darauf wartet, uns etwas Wunderbares zu offenbaren, wenn wir ihm nur eine Gelegenheit dazu geben.

Eines Tages fragte ich unseren Sohn nach seiner Meinung über ein Mädchen in unserer Nachbarschaft. »Wahrscheinlich ist sie ganz in Ordnung«, sagte er, »wenn sie nur einmal still wäre, könnten wir sie näher kennenlernen.« – »Wie meinst du das?« fragte ich zurück. »Weißt du, im Schulbus, da redet sie ununterbrochen. Wahrscheinlich ist sie sehr nett, wenn sie nur lange genug still wäre, damit wir es herausfinden könnten.«

Denkt Gott ähnlich über Sie und mich? Haben wir gelernt, lange genug still zu sein, damit Gott zu uns reden kann? In der Stille wird unsere Kommunikation zum Dialog.

Auf einer Freizeit beendete ich eine Gebetsgemeinschaft in kleinen Gruppen mit der Bitte, anschließend zum See hinauszugehen, ohne miteinander zu reden. Die Frauen hatten intensiv in ihren Gruppen gebetet und ich wollte, daß sie Gott ihre Herzen öffneten.

Wir hatten geplant, daß sich ein Gesangstrio im Boot dem Ufer, an dem die Frauen standen, nahen und auf ein Signal hin zu singen anfangen sollte. Das Signal blieb jedoch aus, und sie warteten scheinbar eine Ewigkeit. Eine Gruppenleiterin legte ein Holzscheit nach dem anderen auf das Feuer und dachte:

»Ich *muß* etwas sagen.« Aber jedesmal, wenn sie diesem Gedanken nachgeben wollte, sagte Gott zu ihr: »Sei still Mary, halt jetzt deinen Mund!«

Zwanzig Minuten vergingen. Ungefähr 500 Frauen standen schweigend am Ufer. Ab und zu hörte man ein leises Schluchzen. Dann erklang von dem völlig in Dunkelheit gehüllten Boot die wundervolle Melodie des Liedes »Nimm mein Leben, Jesu dir, übergeb' ich's für und für ...« Viele legten später Zeugnis ab, daß Gott weniger durch das Lied oder die Verkündigung als vielmehr *in der Stille* zu ihnen gesprochen habe.

6. Kleine Gruppen

Kleine Gruppen eignen sich für die neu Hinzugekommenen wie auch für die eher Zurückhaltenden am besten. Vor einer Gruppe von 100 oder auch nur 25 Teilnehmern zum ersten Mal laut zu beten, erfordert schon sehr viel Mut. In kleinen Gruppen traut man sich eher, laut zu beten.

In unseren Seminaren mit mehreren hundert Teilnehmern teilen wir die Anwesenden in Vierer- oder Fünfergruppen auf. Jede zweite Reihe dreht sich nach hinten um, so daß sich immer zwei Reihen gegenüberstehen. Vier Personen aus jeder dieser Doppelreihen bilden eine Vierergruppe. So können viele gleichzeitig beten.

Gestern erreichte mich ein Ferngespräch von einer meiner Gebetspartnerinnen. »Ev«, sagte sie zu mir, »als wir anfingen« zu beten, waren wir nur zu dritt. Und doch veränderte sich unser geistliches Leben.«

Wir dürfen den Wert des Gebets in kleinen Gruppen nicht unterschätzen, denn Jesus versprach, daß da, *wo zwei oder drei in seinem Namen versammelt sind, er mitten unter ihnen ist* (vgl. Mt 18,20). Was für eine Gelegenheit, Jesu Gegenwart zu erfahren.

Erinnern Sie sich an Stephanus, der zum Himmel emporblickte und »die Herrlichkeit Gottes sah und Jesus stehen zur Rechten Gottes« (Apg 7,55)? Der Platz zur Rechten Gottes ist ein Platz der Autorität und der Ehre. Christus sitzt auch heute noch zur Rechten Gottes und tritt für uns ein, aber wir haben auch sein Versprechen, daß er *mit* uns ist, auch wenn nur zwei oder drei versammelt sind. Obwohl er im Himmel ist, ist er in der Mitte derer, die sich in seinem Namen versammeln.

Ein Gebet für Sie:

»Lieber Vater, hilf mir, mir in meiner Gebetsgruppe der Gegenwart Jesu bewußt zu sein. Hilf mir, andere zu lehren, wie sie beten können. Hilf mir auch, dich in der Stille reden zu hören.«

Gott geht es um den Beter
und nicht um das Gebetsanliegen

Ein Professor für Neugriechisch sagte einmal zu mir:»Evelyn, hoffentlich erklärst du deinen Frauen, wenn du ihnen zeigst, wie man nach Gottes Willen betet, daß sich durch das Gebet bei dem Beter und nicht bei dem Gebetsanliegen etwas verändert.«

Nach Gottes Willen zu beten ist nicht leicht, und doch ist es ganz einfach. Jeder Lebensbereich muß Gott und seinem vollkommenen Willen unterstellt werden. Mit Gottes Willen in Einklang zu sein, ist keine langweilige Sache. Es ist spannend, weil man sich nicht nur ein für allemal entscheidet, sondern immer daran arbeiten muß.

Dies wird auch in dem treffenden Ausdruck »ernstliches Gebet« in Jakobus 5,16 deutlich. »Ernsthaftigkeit« bedeutet so viel wie »Gott das ganze Herz geben« (Thompson Studienbibel). »Nach Gottes Willen beten« bedeutet also, *während* des Betens in Einklang mit seinem Willen *gebracht zu werden.* Wäre es nicht großartig, *stets mit Gottes Willen in Einklang zu sein,* indem wir immer alle uns bewußten Sünden bekannt hätten und somit nie außerhalb seines Willens beteten? Der ernstliche Beter erwartet also die Erhörung seines Gebets stets aus dem Willen Gottes und nicht aus seinem eigenen Willen heraus.

Als ich mit meinen Gebetsseminaren gerade begonnen hatte, bemerkte mein Mann begeistert:»Selbst wenn Gott kein einziges eurer Gebete erhört, so hat sich doch all die ganze Mühe angesichts der Veränderungen, die *in* den Frauen, die beten, stattgefunden haben, gelohnt.«

Was Gott im Leben der Menschen tut, die beten, indem er sie mit seinem Willen eins macht, ist eines seiner Wunder auf dieser Erde. Der Wendepunkt unserer Gebetsseminare tritt stets dann ein, wenn die Teilnehmer im Gebet ihr Leben Gottes vollkommenem Willen unterstellen. Das erlebte auch eine Gymnasiallehrerin, die mir folgenden Brief schrieb:

»Am 26. Februar lud mich meine Schwester zu einem Gebetsseminar ein. Ich überlegte: ›*Wozu soll ein Gebetsseminar gut sein? Ich habe schon soviel gebetet, ohne daß es etwas genützt hätte.‹* Aber ich ging trotzdem hin.

Wissen Sie, ich bin mein ganzes Leben lang Christ gewesen. Ich wuchs in einem sehr harmonischen christlichen Elternhaus auf, in einer Atmosphäre der Liebe und des Vertrauens zu Jesus. Doch dann wurde mein Glauben auf eine harte Probe gestellt. Die Baufirma meines Mannes ging bankrott und hinterließ eine große Summe Schulden, für die wir zu 50 Prozent verantwortlich waren. Wir mußten unser Haus und alle Vermögenswerte verkaufen. Mir ging es damals gesundheitlich nicht gut, und unser Sohn hatte gerade eine Operation hinter sich.

Aber 1. Johannes 5,14-15 veränderte mein Leben: ›Und dies ist die Zuversicht ...‹ Bis dahin hatte ich nicht um die Erfüllung seines Willens gebeten, sondern nur für das, was meiner Ansicht nach geschehen sollte.

Dann bat uns Evelyn am Ende eines Seminars, uns in Vierergruppen aufzuteilen. Wir sollten Gott um *eine* Sache bitten, die wir uns am sehnlichsten von ihm wünschten. Ich erinnere mich noch, wie ich im Kreis meiner vier Schwestern sagte: ›Herr, ich möchte, daß Dein vollkommener Wille in mir und in meiner Familie geschieht.‹

Das war's! Nie zuvor hatte ich um die Erfüllung seines Willens gebeten und deswegen waren meine Gebete nicht erhört worden!

Jetzt fühlte ich mich völlig befreit. Eine Last war von mir genommen, als sei es nicht mehr meine Verantwortung, die Probleme zu lösen.

Seitdem sind Monate vergangen, und in meinem Herzen ist ein unbeschreiblicher Friede eingekehrt. Die Schulden der Firma meines Mannes sind zwar noch nicht ganz getilgt, aber Gott wirkt. Die Last ist uns genommen. Meine Gesundheit hat sich sehr gebessert. Für den kommenden Herbst habe ich sogar eine Anstellung an einem Gymnasium erhalten – ein Geschenk des Himmels! Ich hatte mich um die Stelle nicht beworben, sie auch gar nicht gesucht, sie wurde mir einfach angetragen. Preist den Herrn! Er kann ›überschwenglich tun über alles hinaus, was wir bitten oder verstehen‹ (Eph. 3,20).«

Im Himmel wie auf Erden

Die Bitte, daß des Herrn Wille hier auf dieser Erde geschehe, ist ein gutes Gebet. Wäre es nicht großartig, wenn sein Wille in Bonn, Moskau und dem Nahen Osten geschehen würde? Wir können zwar für diese Orte beten, aber sie befinden sich nicht in unserem unmittelbaren Einflußbereich. Es gibt jedoch einen Ort, einen Einflußbereich, der nur Ihnen offensteht. Dieser Bereich ist Ihnen von unserem himmlischen Vater geschenkt worden. In Ihrer unmittelbaren Umgebung können Sie Gottes vollkommenen Willen in die Tat umsetzen!

Die Jünger, die Jesus lehrte »Vater unser ... dein Wille geschehe im Himmel wie auf Erden«, wußten, daß sie nicht das ganze Römische Reich ändern konnten, aber sie konnten die Bereiche verändern, in denen sie wirkten, die ihnen von Gott geschenkt waren. Und das taten sie auch. Gott verändert Umstände und Menschen, wenn wir gezielt dafür beten, daß sein Wille in unserer Umgebung geschieht.

Das Vaterunser bekommt in unserem Leben seinen richtigen Stellenwert, wenn wir beten: »Dein Wille geschehe im Himmel wie auf Erden«. Stellen Sie sich nur vor, was geschehen würde, wenn jeder Christ Gottes Willen in seinem kleinen Einflußbereich zur Entfaltung bringen würde, wenn nichts mehr Gottes Willen entgegenstünde! Wie anders sähe unsere Nation, sähen unsere Städte, unsere Kirchen, unsere Familien aus!

Das Vorbild Christi

Das beste Vorbild für ein Gebet nach dem Willen Gottes liefert uns Jesus Christus im Garten Gethsemane in der Nacht, bevor er am Kreuz für unsere Sünden starb. Unser Herr wollte, da er auch Mensch war, nicht leiden. Er betete: »Vater, willst du, so nimm diesen Kelch von mir; doch nicht mein, sondern dein Wille geschehe!« (Lk 22,42).

Können Sie beten: »Herr, nicht mein, sondern Dein Wille geschehe«? Oder: »Wie weh es auch tut, wie steil der Weg auch ist, den ich gehen soll, ich möchte Deinen Willen tun, Herr«?

Als wir vor einigen Jahren in das Heilige Land fuhren, saß ich alleine unter einem dieser alten, knorrigen Olivenbäume im Garten Gethsemane und las im Lukasevangelium, welche Qualen Jesus ausgestanden hat in der Nacht, ehe er starb, ehe er die Sünde der ganzen Welt und auch meine Sünde auf sich nahm und »sein Schweiß wie Blutstropfen wurde, die auf die Erde fielen« (Lk 22,44). Tief ergriffen schrieb ich an den Rand meiner Bibel: »Herr, laß' nur deinen Willen in meinem Leben geschehen!« Wir müssen nicht unter einem alten Olivenbaum in Israel sitzen, um zu dieser Einsicht zu gelangen, wir können da, wo wir gerade sind, zu Christus sagen: »Herr, nicht mein, sondern dein Wille geschehe!«

Wird Gott, wenn wir bereit sind, seinen Willen zu tun, sich nun eine besonders schwere Prüfung für uns ausdenken und sich dabei die Hände reiben? Gott hat immer nur unser Bestes im Sinn, auch wenn es im Augenblick nicht so scheint. So hatte Gott für Jesus nur Gutes im Sinn – er wurde der *Erlöser der Menschheit!* Er wurde Ihr und mein Erretter.

Auch Maria wurde gesegnet, weil sie bereit war, Gottes Willen in ihrem Leben geschehen zu lassen. Erinnern Sie sich an Marias Antwort, als ihr der Engel die Geburt Jesu ankündigte? »Siehe, ich bin des Herrn Magd; mir geschehe, wie du gesagt hast.«

Glauben Sie, daß es für Maria einfach war, zu Gottes Willen ja zu sagen und vor der Ehe schwanger zu werden? Sie mußte mit Mißverständnissen, Spott und sogar mit Verurteilung rechnen. Sie mußte damit rechnen, von ihrem Verlobten verstoßen oder sogar gesteinigt zu werden. Es war nicht leicht für Maria, aber da sie bereit war, Gottes Willen zu tun, wurde sie reich von ihm gesegnet. Sie hatte das große Vorrecht, den zu gebären, der unser Erlöser wurde.

Offene Türen

Was geschieht, wenn wir auf den Knien zu unserem Herrn sagen: »Herr, ich weiß nicht, was du von mir willst. Die Probleme stehen wie ein Berg vor mir, eine schwierige Operation steht bevor, aber egal, wie es ausgeht, ich möchte nur, daß dein vollkommener Wille geschieht«? Wird Gott unsere Bereitschaft ausnutzen und es uns besonders schwer machen? – Ganz bestimmt nicht. Er wird uns, wenn wir uns ihm ganz zur Verfügung stellen, Türen öffnen und Großartiges wird geschehen.

Eines Tages fragte mich unser Pastor, wie ich die Gebetsseminare ins Rollen gebracht hätte. Ich zuckte mit den Schultern und meinte: »Sie haben sich einfach entwickelt, wir haben sie eigentlich gar nicht geplant. Auf einmal waren sie da. Das ständige Gebet der verantwortlichen Mitarbeiter, der Gebetskettenteilnehmer und des Vorstands lautete: ›Herr, dein Wille geschehe!‹ Und dann warteten wir einfach auf die Offenbarung seines Willens. Wir versuchten noch nicht einmal, Kontakte für die Veranstaltung von Seminaren zu knüpfen. Es ist wirklich spannend, Gott wirken zu sehen!«

Eine junge Frau, die von weit her angereist war, fragte mich einmal, was sie tun müsse, um mich dazu zu bewegen, in ihrer Stadt ein Gebetsseminar abzuhalten. »Dafür beten«, war meine Antwort, »und wenn es Gottes Wille ist, kommen wir.« – »Wir beten zu dritt bereits mehrere Monate und haben den Eindruck, daß es Gottes Wille ist.« – »Dann ist es in Ordnung«, erwiderte ich, »wir kommen«.

Als sie mir später eine Notiz gab, verstand ich besser, wieso sie so auf meinen Besuch bestanden hatte: »Liebe Evelyn, seit ich Ihr Gebetsseminar in einer lutherischen Gemeinde besucht habe, hat sich mein Leben verändert, weil ich Christus angenommen habe. Meine vierjährige Tochter und mein neunjähriger Sohn haben Jesus ebenfalls in ihr Leben aufgenommen. Nun bittet mich mein Mann, ihm vieles zu erklären. Danke!« Gott belohnte ihren Eifer. In »ihrem« Seminar fanden 30 Frauen zu Christus. Es *war* Gottes Wille!

Gottes Wille war es auch, daß sich das Treffen aller Gemeinden in White Bear Lake von einem Bibelstudium über Gebet zu unserem ersten Gebetsseminar entwickelte. Da wir keinen geeigneten Termin finden konnten, beteten wir nur: »Gut, Herr, *dein* Wille geschehe. Laß das Zusammentreffen zu dem Zeitpunkt stattfinden, wann *du* es für richtig hältst.« Und

Gott wählte den idealen Zeitpunkt. Er wußte genau, wann diese Stadt Gebet besonders nötig haben würde. Er wußte, daß das Zusammenkommen der Hexen in einem Gymnasium zeitlich genau mit dem einmütigen Gebet der 250 Frauen zusammenfallen würde.

Meine Gebetsseminararbeit begann, als man mich bat, mit den Frauen meiner Gemeinde das in Kapitel 1 beschriebene Gebetsexperiment durchzuführen. Zuerst zögerte ich, eine solche Verpflichtung einzugehen. Als ich dann aber in Gottes Wort las, fiel mein Blick direkt auf einen Vers aus der Offenbarung: »Siehe, ich habe vor dir eine Tür aufgetan« (Offb 3,8). Aufgeregt rief ich die Geschäftsführerin der Bundesgemeinschaft für Frauenarbeit in Chicago an und erklärte, daß ich nicht nein sagen könne, wenn Gott mir mit Offenbarung 3,8 eine offene Tür gegeben habe.

Hat Gott auch vor Ihnen eine Tür aufgetan? Vielleicht zögern Sie noch oder wehren sich dagegen, vielleicht haben Sie Angst, wenn Gott Ihnen herausfordernd zuruft: »Sieh, die Tür ist weit offen, möchtest du nicht um meinetwillen hindurchgehen? Das ist mein Wille für dich.«

Antworten Sie ihm doch: »Herr, hier bin ich. Ich möchte meinen Willen in deinen umgestalten lassen. Was immer du für mich bereithältst, ich weiß, daß du mir auch genug Kraft und Gnade dafür geben wirst. Ich weiß, Herr, daß du mir alles gibst, was ich brauche, deshalb bin ich bereit, deinen Willen zu tun.«

Versuchen Sie es! Sie werden es nicht bereuen. Erstaunliche Dinge geschehen, wenn wir den ersten Schritt tun.

Und die Männer auch?

Manchmal scheine ich die Hilfe anderer zu brauchen, um durch die Türen zu gehen, die Gott für mich öffnet. »Ich glaube nicht, daß Gott einen Komplex hat und nicht möchte, daß du auch Männer im Gebet unterweist, aber du scheinst einen Komplex zu haben«, tadelte mich ein bekannter Seelsorger auf einer Weihnachtsfeier. Die Teilnehmerinnen der Gebetsketten hatten mehrere Monate lang über verschiedene Anfragen von Männern gebetet, die auch an den Seminaren teilnehmen wollten. Dann erfuhr ich, daß ich am nächsten Sonntag in einer Gastgemeinde *predigen* sollte – und dabei hatte ich mich doch nur auf eine dreiminütige Ansprache eingestellt, in der ich zu unserem nächsten Gebetsseminar einladen wollte! Ich geriet in Panik, weil ich einfach *wußte*, daß *das* nicht Gottes Willen sein konnte.

Daraufhin betete eine Frau aus unserer Gebetskette:»Herr, wir können dieses Anliegen schon nicht mehr hören. Wir wollen einen Test machen. Je nachdem, wie die Männer am nächsten Sonntag Evelyn akzeptieren, soll das deine Antwort sein, ob sie die Gebetsseminare auch für Männer öffnen soll oder nicht.« Ich fiel fast in Ohnmacht. Nie hätte ich gewagt, Gott um so etwas zu bitten.

Am Samstag rief mich eine Frau aus einer anderen Gemeinde an:»Die Ältesten unserer Gemeinde möchten an einem Abend ein Gebetsseminar für Männer, Frauen und Jugendliche mit abhalten. Wir sind überzeugt, daß dies Gottes Wille ist.«

»Sie erhalten meine Antwort am Montag«, wich ich aus, da ich nicht wagte, ihr zu sagen, daß ich erst das Testergebnis des nächsten Tages abwarten wollte!

Mit weichen Knien erzählte ich schließlich der»Testgemeinde« am Sonntag, was geschieht, wenn wir beten. Nach dem Gottesdienst bekam ich fast einen lahmen rechten Arm vom vielen Schütteln der Hände der Männer, die mir für die Botschaft dankten. Neun Tage später begannen wir unser erstes Gebetsseminar für Frauen *und Männer*. Manchmal brauchen wir einen kleinen Schubs, um durch die Türen zu gehen, die Gott für uns öffnet. Geht es Ihnen auch so?

Ein Gebet für Sie:

»Herr, ich möchte, daß nur dein Wille in meinem Leben geschieht. Öffne die richtigen Türen für mich, und gib mir genug Mut und Glauben, durch sie hindurchzugehen.«

Gott macht keine Fehler

»Darum sollen auch die, die nach Gottes Willen leiden, ihm ihre Seelen anbefehlen als dem treuen Schöpfer und Gutes tun.«   1. Petr 4,19

Wenn Sie wirksam nach Gottes Willen beten wollen, müssen Sie möglicherweise zu einer neuen Vorstellung von Gott gelangen – von einem Gott, der keine Fehler macht. Als unsere Tochter Jan noch das Gymnasium besuchte, hatte einer ihrer Freunde einen schweren Autounfall. Da sie nicht wußte, ob Rick noch am Leben war, ging sie zum Gerichtsgebäude, um sich seinen zertrümmerten Wagen anzuschauen, den städtische Angestellte auf dem Rasen abgestellt hatten – als schauriges Mahnmal für Wochenendausflügler.

Ich stand gerade in der Küche und spülte Geschirr, als Jan hereinkam und am ganzen Leib zitterte. Sie beschrieb das Auto und fragte sich, wie man Rick wohl aus dem zerschmetterten Vorderteil des Wagens gezogen hatte. Plötzlich sagte sie: »Aber Mutter – Gott macht keine Fehler!« Dann drehte sie sich auf dem Absatz um, rannte schluchzend nach oben und warf sich auf ihr Bett.

Als unsere Familie einige Jahre später eine Krise durchmachte, kam Jan eines Tages vom College nach Hause und betrat die gleiche Küche. Als wir uns beide ausgeweint hatten, schaute sie mich direkt an und sagte: »Jetzt ist es an dir, nicht zu vergessen, daß Gott keine Fehler macht.«

Ein allwissender Vater

Ist Ihr Gott ein allwissender Vater, der schon am Anfang das Ende sieht, der alle Ursachen und Wirkungen kennt und nie einen Fehler macht? Vielleicht beten wir für etwas, das uns gut und richtig erscheint; Gott aber weiß, was geschehen könnte. Er weiß, wie sehr wir in Bedrängnis geraten würden, wenn er unsere Gebete so erhörte, wie wir es für richtig halten. Er kennt auch alle unsere Schwierigkeiten und möchte sie für uns zum Besten wenden.

Wenn wir älter werden, begreifen wir immer mehr, daß Gott ein allwissender Vater ist. Ein Vorteil des Älterwerdens ist, daß wir in der Rückschau feststellen können: Gott hat in unserem Leben noch nie einen Fehler gemacht! Vielleicht begreifen wir manches auch erst in der Ewigkeit, aber es ist spannend, im Laufe der Jahre festzustellen: wenn wir Gott wirklich lieben, dient uns alles zum Besten. Und wenn wir über das, was mit uns geschieht, Tagebuch führen, merken wir bald, daß Schwierigkeiten ihre Gründe haben und Gott keine Fehler macht.

Wir sollen Gott bitten, ohne ihm die Antwort vorzuschreiben

Als wir in unserer Gemeinde eine telefonische Gebetskette ins Leben riefen, merkte ich als Leiterin bald, daß diese Aufgabe mich ganz beanspruchte. 66 Teilnehmerinnen hatten sich gemeldet, und jeden Tag machten durchschnittlich vier bis fünf, manchmal sogar sechs Gebetsanliegen die Runde. Als Pastorenfrau fühlte ich mich jedoch zeitlich überfordert und übertrug die Aufgabe einer anderen Frau. Ich gab ihr den Rat: »Einige Leute werden anrufen, um dir nicht das Gebetsanliegen, sondern die gewünschte Gebetserhörung mitzuteilen. Wenn man dich also bittet, dafür zu beten, daß dieses oder jenes geschieht, dann stelle in aller Freundlichkeit klar, daß wir für Gebetsanliegen und nicht für bestimmte Gebetserhörungen beten.«

Erkennen Sie den Unterschied? Wenn wir für bestimmte Antworten beten, schreiben wir Gott vor, was er wann und wie für uns tun soll. Wenn wir jedoch mit unseren Gebetsanliegen zu ihm kommen und sagen: »Herr, das ist mein Problem«, dann bitten wir ihn, uns so zu erhören, wie es seiner Allwissenheit entspricht.

Auch wenn unsere Motive uneigennützig sind, kann es ohne weiteres vorkommen, daß wir eher für die Antworten als für die Anliegen beten. Zu meiner telefonischen Gebetskette gehört eine Frau, die mit ihrer Familie von ihrer Missionstätigkeit aus Afrika in die USA zurückgekehrt war. Da sie sich wünschten, wieder in ihr Missionsgebiet entsandt zu werden, beteten sie: »Herr, sende uns wieder nach Afrika!« Sie bewarben sich sogar erneut um den aufgegebenen Posten.

Eines Tages erhielt ich einen Anruf von dieser lieben Frau. »Ev«, schluchzte sie, »der Missionsvorstand hat uns gerade mitgeteilt, daß unser früherer Posten vergeben ist. Wir können nicht mehr zurück. Und dabei haben wir doch so gebetet, daß Gott uns wieder nach Afrika schicken möge.«

Was sollte ich dieser Frau, die in bester Absicht Gott eine Gebetserhörung vorgeschrieben hatte, sagen? Ich tröstete sie: »Du hast falsch gebetet. Hätte Gott gewollt, daß ihr zu eurer Missionsstation zurückkehrt, hätte er den Posten bis zur Ankunft eures Briefes freigehalten. Er hat es offenbar nicht gewollt.«

Nur eine Schachfigur in Gottes Hand?

Als ich einmal mit der Frau eines Universitätsprofessors über dieses Thema diskutierte, sagte sie: »Weißt du, wenn ich so beten würde, käme ich mir wie eine Schachfigur in Gottes Hand vor.«

»Eigentlich hat sie ja recht«, dachte ich bei mir. Laut aber sagte ich: »Wäre es nicht ein großes Vorrecht, eine Schachfigur in der Hand dessen zu sein, der nie einen Fehler macht? Wir bräuchten nichts zu riskieren und würden nie auf die Nase fallen (was ich sehr häufig tue). Würde Gott alle unsere Handlungen bestimmen, würden wir nichts mehr falsch machen können. Wie angenehm wäre das doch!«

Aber Gott wollte es anders. Er hat mir und Ihnen einen freien Willen und damit das Vorrecht gegeben, sagen zu können: »Herr, ich bin frei. Ich habe einen freien Willen, aber ich will nach deinem Willen handeln, weil Du weißt, was für mein Leben richtig ist.« Gott zwingt uns zu nichts.

Ich bin keine Figur auf einem Schachbrett, wenn ich aus freiem Willen sage: »Herr, ich weiß wirklich nicht, welcher Weg der beste ist, wohin ich gehen und wann ich mich auf den Weg machen soll. Aber Du, Herr, weißt, was geschehen könnte und sollte. Gebrauche mich so, daß ich deinen vollkommenen Willen auf Erden verwirkliche.«

Bitten wir in falscher Absicht?

Woher wissen wir, daß wir nicht in »übler Absicht« bitten? In Jakobus 4,3 heißt es: »Ihr bittet und empfangt nichts, weil ihr in übler Absicht bittet, nämlich damit ihr's für eure Gelüste vergeuden könnt.« Wir wollen Gott doch nicht beleidigen, indem wir zum Beispiel bitten: »Ach Herr, der Mann dieser Frau gefällt mir ja schon sehr. Es ist doch nichts dabei, wenn ich ab und zu platonisch an ihn denke?« Wir dürfen Gott gar nicht erst fragen, ob so etwas richtig sein könnte. Wir kennen seinen Willen, und Gott sagt: »Seid heilig, denn ich bin heilig.«

Vielleicht denken wir: »Haben die aber ein tolles neues Auto, ein schönes Haus und erst die Garderobe von Frau Sowieso! Es ist doch nichts dabei, wenn ich ein bißchen neidisch bin, oder?« Zwar stellen wir diese Fragen Gott oft nicht direkt, aber oft genug rationalisieren wir unsere Gefühle und Einstellungen auf diese Weise, um sie zu rechtfertigen.

Vielleicht sind wir auch ein wenig überempfindlich. Wir jammern und klagen: »Herr, es ist wirklich nicht leicht mit ihr. Ich mag sie nicht besonders. Ist das denn Dein Wille, Herr?« Natürlich nicht. In Gottes Wort steht: »Sie (die Liebe) sucht nicht das ihre, sie läßt sich nicht erbittern, sie rechnet das Böse nicht zu« (1. Kor 13,5). Um also sicher zu gehen, daß wir nicht in falscher Weise bitten, müssen wir die Bibel kennen. Wenn Gott etwas als Sünde bezeichnet, sollten wir ihn nicht beleidigen, indem wir ihn darum bitten oder auch nur dazu befragen.

In der Bibel steht jedoch nicht nur, was wir alles lassen sollen. Sie sagt uns auch, was wir tun *können* und *müssen*. Nicht nur Gottes *Ver*bote, sondern auch seine *Ge*bote müssen wir beachten, wenn wir wollen, daß Gott unsere Gebete erhört. »Wenn ihr in mir bleibt und meine Worte in euch bleiben, werdet ihr bitten, was ihr wollt, und es wird euch widerfahren« (Joh 15,7). Es besteht keinerlei Widerspruch zwischen Gottes Wort und seinem Willen. Wenn in Gottes Wort etwas geschrieben steht, dürfen wir es glauben, danach leben und handeln.

Hier mag man nun die Frage stellen, ob wir denn das Recht haben, für die Errettung eines Menschen zu beten? Ist das Gottes Wille? Petrus sagt hierzu: »(Der Herr) will nicht, daß jemand verloren werde« (2. Petr 3,9). Wir sollen also für jeden beten, der außerhalb des Leibes Christi steht. Aber wir dürfen nicht vergessen, daß der Mensch, für den wir beten, einen freien Willen hat wie wir. Gott drängt niemandem seinen Willen auf, aber er bestimmt den richtigen Zeitpunkt und führt die »oberste Regie«. Natürlich ist es Gottes Wille, daß wir für die Rettung aller Menschen beten, und als Antwort auf unsere Gebete umwirbt der Heilige Geist die Menschen, für die wir beten – aber alles andere müssen wir Gott überlassen.

Wir haben noch eine weitere Möglichkeit, sicherzustellen, daß wir nicht in »übler Absicht« bitten. Die Bibel nennt zwei Fürsprecher: Jesus zur Rechten Gottes und den Heiligen Geist, der in uns wohnt. Der Heilige Geist nimmt sich unserer Gebete an, *wenn wir nicht wissen, was und wie wir beten sollen,* und vertritt uns vor dem Vater »nach dem Willen Gottes« (Röm 8,26-27; King James Version). In Zeiten, in denen wir die tiefe Sehnsucht unseres Herzens nicht in Worte fassen können, dürfen wir gewiß sein, daß der Heilige Geist nach dem Willen des Vaters vor Gottes Thron für uns eintritt.

Wenn Gott nein sagt

Ist es immer gut, wenn Gott nein sagt? Ein solches bedeutsames Nein erhielt ich einmal von Gott, als wir nach St. Paul zogen. Man hatte mich gebeten, stellvertretende Leiterin eines größeren Krankenhaus-Hilfsdienstes zu werden. Ich kannte die beiden Krankenhäuser nicht, die der Hilfsdienst betreute, aber es wurde mir versichert, daß ich praktisch überhaupt nichts zu tun hätte.

Sofort rief ich die Teilnehmerinnen der Gebetsketten an, die ich an meinem früheren Wohnort zurückgelassen hatte. Ich bat die Frauen, Gott zu bitten, uns seinen Willen zu zeigen. Ihre Antwort sowie die Antwort von anderen, die ich ebenfalls um Fürbitte gebeten hatte, ließ nicht lange auf sich warten:»Gott sagt nein.« Auch ich selbst erhielt diese Antwort.

Als ich dem Ausschuß Gottes Antwort mitteilte, waren alle überrascht. Fast schien es so, als ob sie innerlich die Stirn runzelten. Auch ich konnte nicht verstehen, warum Gott zu einer so guten Sache nein sagte zu einer Zeit, in der ich noch oft allein und in meiner neuen Heimatstadt noch ohne größere Verpflichtungen war.

Bald wußte ich, warum. Die Vorsitzende des Hilfsdienstes wurde mit ihrem Mann in einen anderen Bundesstaat versetzt. Innerhalb von zwei Wochen wäre ich Vorsitzende einer Organisation geworden, die Cafés und Geschenkläden unterhielt und in zwei großen Krankenhäusern den Einsatz freiwilliger Hilfskräfte und Studenten koordinierte. Außerdem mußte die ganze Arbeit durch Krankenhausverwaltung und Rechtsanwälte neu organisiert werden – ein Prozeß, der erst heute, vier Jahre später, abgeschlossen ist. Was für ein Chaos hätte ich angerichtet, wenn ich diese gigantische Aufgabe übernommen hätte!

»Mein Herr und mein Gott«, betete ich, »ich danke dir dafür, daß du wußtest, wie sich diese Aufgabe entwickeln würde und daß du mich davor bewahrt hast, gleich zu Beginn in meiner neuen Heimatstadt auf die Nase zu fallen.«

Will Gott, daß wir leiden?

In unserem Hauskreis entdeckten wir eines Tages einen Bibelvers, der auf das Leben aller Anwesenden einen großen Einfluß ausüben sollte. Zwar wußte ich, daß es sich dabei um eine biblische Wahrheit handelte, aber trotzdem war mir der Vers in der Heiligen Schrift noch nie aufgefallen. »Darum sollen auch die, die nach Gottes Willen leiden, ihm ihre Seelen anbefehlen als dem treuen Schöpfer und Gutes tun« (1. Petr 4,19).

Die nach Gottes Willen leiden – steht das in der Bibel? Sie können es nachlesen. Und fast alle Teilnehmer in unserer Gruppe hatten in jenem Jahr zu leiden. Natürlich lag der Grund dafür – wie ich hoffe – nicht an unserem Hauskreis! Sie litten körperlich und seelisch, aber sie erlebten auch Großartiges. In jeder Krise antwortete uns Gott durch sein Wort, und wir empfingen alles, was wir brauchten – Kraft, Gnade, Friede und Reife in Christus. Der Mann einer Teilnehmerin erkrankte an einer wachsenden Geschwulst unter der Schädeldecke. Die einzige Hoffnung auf Heilung bestand in einem Medikament, das Nebenwirkungen auf sein Denken und seine Persönlichkeit hatte. Er wurde ein völlig anderer Mensch. Er ließ sich scheiden und wandte sich von seiner ganzen Familie ab. Kürzlich aß ich mit dieser Frau zu Mittag. Sie ist noch immer eine treue und fröhliche Nachfolgerin Jesu.

Der Ehemann einer anderen Teilnehmerin hatte sich Syphillis zugezogen und mußte alle seine Partnerinnen nennen – und das waren nicht wenige. Diese Frau fand Kraft im Wort Gottes. Die beiden Teenager-Töchter einer anderen Frau waren unehelich schwanger, wie auch die junge Tochter einer anderen Frau. Eine schwere Operation oder Brustkrebs zählten fast schon zu den geringeren Übeln!

Will Gott, daß wir leiden? Ja – der erste Petrusbrief belegt dies. Wenn Sie zu leiden haben, lesen Sie diesen großartigen Brief. Uns Christen ist nicht verheißen worden, daß wir vom Leiden verschont bleiben. Manchmal leiden wir auch nur deshalb, weil wir eine angeschlagene Gesundheit haben. Aber wenn wir uns ganz Gott hingeben, der keine Fehler macht, können wir gewiß sein, daß er unser Leiden zuläßt und *einen bestimmten Grund dafür hat.*

Natürlich kann ich nicht wissen, wie es Ihnen gerade geht, aber wenn Sie leiden, können Sie trotzdem beten:»Herr, dein Wille geschehe, Amen.« Wir übergeben Gott alle Bereiche unseres Lebens. Es ist leicht, zu beten:»Herr, wie gut ist dein Wille«, wenn alles glatt geht und wir uns auf einem geistlichen Höhenflug befinden. Manchmal können wir auch nur noch beten:»Herr, ich bin im Tal, und es tut weh. Und doch sage ich: Ja, Herr. Ich weiß, daß dein Wille richtig ist, und ich bin bereit, mich deinem Willen zu fügen, was auch geschehen mag.«

Alles geschieht zu unserem Besten

In unserer College-Zeit geriet ich in eine Krise, als ich mein drittes Baby verlor. Ich hatte bereits eine Fehlgeburt gehabt, dann eine Totgeburt – und nun die zweite Fehlgeburt.»Herr, warum all das?« flehte ich in meiner Not.

Es war kurz nach dem Zweiten Weltkrieg. Wir waren aufs College zurückgekehrt, nachdem Chris in einem brennenden Bomberflugzeug über Berlin Gott gelobt hatte, Prediger zu werden, wenn der Krieg vorüber wäre. Nun ließ Gott es zu, daß wir unser drittes Baby verloren. Kehrte der uns den Rükken zu, ließ der uns absichtlich leiden?

Ganz und gar nicht. In dieser Zeit erhielt Römer 8,28 für mich eine tiefe Bedeutung:»Wir wissen aber, daß denen, die Gott lieben, alle Dinge zum Besten dienen.« Ich liebte Gott, und Chris liebte ihn, und Gott hatte seine Gründe – auch wenn wir sie in diesem Leben wahrscheinlich nie erfahren werden.

Trotz meiner Fehlgeburten kam Jan normal zur Welt. Als mein Mann seine erste Pfarrstelle antrat, schien Gott uns ein zweites gesundes Kind schenken zu wollen. Doch Judy wurde nur sieben Monate alt. Da brach all unser Schmerz wieder auf. »Warum nur, Herr, warum? Habe ich nicht genug gelitten? Bin ich nicht genug geprüft worden? Habe ich nicht genug dazugelernt?«

Als Gott Judy zu sich nahm, sprach er sehr deutlich zu mir durch das 12. Kapitel des Hebräerbriefes: »Denn jene haben uns gezüchtigt für wenige Tage nach ihrem Gutdünken, dieser aber tut es zu unserem Besten, damit wir an seiner Heiligkeit Anteil erlangen« (Vers 10). Gott sagte zu mir: »Evelyn, es ist zu deinem Besten. Wenn du die Frau eines Pastors werden willst, mußt du in diesen Dingen Erfahrung haben.« Ich wollte, ich könnte ausführlich davon berichten, wie mir Gott diese Erfahrung über Jahre hinweg zum Besten dienen ließ, als ich mit verzweifelten Eltern vor winzigen Särgen oder an Kinderbetten im Krankenhaus stand.

Schließlich durften wir mit Gottes Hilfe drei glückliche, gesunde Kinder aufziehen, Jan, Nancy und Kurt. Durch jedes Kind lernten wir etwas – ebenso wie durch die, die wir verloren hatten.

Gelangen wir denn jemals ans Ziel? Meine Schwiegermutter erklärte einmal: »Ach Evelyn, nun bin ich über 70 und immer noch nicht am Ziel.« Nein, wir kommen nicht ans Ziel, aber Gott macht uns zu dem, was wir sein sollen. Er möchte, daß wir im Leid und in schweren Zeiten zu ihm sagen: »Herr, Du machst nie einen Fehler. Nur Dein Wille geschehe.«

Als ich in einer Bibelstunde über dieses Thema sprach, wollten mich drei junge Frauen unter vier Augen sprechen. Eine von ihnen stand kurz vor der Erblindung; die zweite hatte gerade ihren zweijährigen Sohn durch einen Unfall verloren, und die dritte schließlich stand kurz vor einer schweren Hüftoperation. Alle drei bestätigten mir, ihnen sei an diesem Abend die Bedeutung von Römer 8,28 klargeworden: »Jetzt bin ich bereit, mich ganz in Gottes Willen zu fügen, egal, was geschieht.«

Die andere Seite des Willens Gottes

Sind Sie bereit, Gottes Willen anzunehmen? Im vorigen Kapitel schrieb ich von der offenen Tür und der Aufregung, die damit verbunden ist. Das ist die eine Seite; die andere Seite ist das Ja zu Gottes Willen. Auf einer Tagung unserer Gemeinde sagte eine Frau, deren einzige Schwester krebskrank war und im Sterben lag. »Ich habe monatelang gekämpft, aber jetzt bin ich bereit zu Gottes Willen ja zu sagen, ob er meine Schwester zu sich nimmt oder sie am Leben erhält.« Ihre Worte erschütterten uns tief. Wir vergaßen die Tagesordnung und fingen an zu beten. Einige Teilnehmerinnen hatten schwerwiegende Probleme. Eine junge schwangere Mutter, die ihr erstes und einziges Kind durch Kindbettfieber verloren hatte, konnte beten: »Diese Schwangerschaft soll nach Gottes Willen verlaufen.« Eine andere Dame, die an einer schweren Störung des Lymphsystems litt, konnte diese Haltung ebenfalls einnehmen. Jede der Anwesenden betete mit ganzem Herzen, daß sie Gottes Willen annehmen wolle. Danach beteten die Frauen auch für mich, als ich in einer anderen Gemeinde meine Ansprache hielt. Hinterher meinte der Jugendpastor: »Sie haben unsere Gemeinde auf den Kopf gestellt!«

Wenn wir gute Fürbitter sein wollen, müssen wir bereit sein, Gottes Willen anzunehmen.

Heißes Feuer

Es gibt in unserem Leben viele schwierige Situationen – wie zum Beispiel der Verlust eines geliebten Menschen – die uns wie ein »heißes Feuer« läutern und uns stärker machen, wenn wir durch sie hindurchgegangen sind.

Unsere Tochter Jan lernte das, als sie in der 9. Klasse war. Ihr Freund Dave war ein toller Bursche: ein erstklassiger Schüler und Schul- und Klassensprecher. Außerdem war er Mannschaftsleiter des Basketballteams in unserer Stadt, die er auf Höchstleistungsniveau getrimmt hatte. Er hatte bereits Gedichte veröffentlicht. Alles schien gut für ihn zu laufen – bis auf zwei Dinge: er war kein Christ – und er hatte Leukämie, doch das wußten weder er noch Jan.

In jenem Frühling veranstalteten unsere örtlichen Gemeinden eine großes Jugendtreffen. Jan scheute sich zunächst, Dave dazu einzuladen, aber schließlich machte sie es doch. Am Abend der Veranstaltung saß mein Mann nahe genug bei Dave, um zu hören, wie er, nachdem er am Ende des Gottesdienstes niedergekniet war, betete: »Lieber Gott, vergib mir alle meine Sünden, und Jesus, komm in mein Herz als mein Herr und Erlöser.«

Damals hatte Dave keine Ahnung, daß er bald gegen einen Todfeind zu kämpfen hätte – gegen Leukämie. Wenig später erfuhr er, daß er sehr krank war, aber er wußte nicht, wie nahe er dem Tod war. Er schrieb in Jans Jahrbuch: »Liebe Jan, ich danke Dir, daß Du mich zu Christus geführt hast. Du kannst dir nicht vorstellen, wieviel er mir jetzt bedeutet und wieviel er mir in Zukunft noch bedeuten wird.«

Zwei Wochen später wurde Daves »Zukunft mit Christus« Wirklichkeit. Er starb frühmorgens. Ich saß allein in meinem Wohnzimmersessel. Jan, die spürte, daß etwas nicht in Ordnung war, stand auf, kam herunter und fragte: »Wo ist Vater?« – »Er ist zu Hause bei Dave, Liebes.« – »Dave hat uns verlassen, nicht wahr?« fragte sie. »Ja«, antwortete ich.

Eine Weile saßen wir beieinander im Sessel und weinten. Ich sagte: »Liebes, Gott macht noch echteres Gold aus dir.« Sie hatte das schon oft von uns gehört. Wir sprachen über Römer 8,28 und Hiobs Gewißheit: »Er prüfe mich, so will ich erfunden werden wie das Gold« (Hiob 23,10). Ich fügte hinzu: »Gott muß Großes mit dir vorhaben, wenn er dir in deinem Alter schon soviel ›Feuer‹ schickt.« – »Ach Mutter«, schluchzte Jan, »stell dir nur vor, wenn ich Dave nicht zu dem Jugendtreffen eingeladen hätte!«

Daves Beerdigung war ein großes Ereignis. Hunderte von Jugendlichen, Lehrern und Schulangestellten kamen zum Begräbnis. Zu Beginn seiner Ansprache sagte mein Mann: »Jetzt kann ich fast den Basketball im Himmel hüpfen hören.« Dann berichtete er, was Dave kurz vor seinem Tod gesagt hatte. Er hatte sich im Bett aufgerichtet und gefragt: »Wo bin ich?« Seine Mutter hatte geantwortet: »Dave, du bist im Krankenhaus, und du bist sehr, sehr krank. Aber alle Ärzte und Schwestern sind hier.« Dave war verwundert: »Das kann nicht sein. Wo ich jetzt bin, ist alles grün und wunderschön.« Dann starb er.

Mein Mann konnte all diesen jungen Leuten und den Erwachsenen bestätigen, daß Dave mit seinem Herrn in der

Zukunft lebte, die nun bereits zwei Wochen nach seiner Eintragung in Jans Jahrbuch Realität war.

Manchmal ist es Gottes Wille, daß wir leiden. Sind Sie bereit, zu Gottes Willen ja zu sagen – auch dann, wenn ein Teil Ihrer Zukunft aus Leiden besteht?

Sein Wille geschehe

Auf unseren Seminaren rufen wir die Teilnehmer bei diesem Thema auf, ihr Leben Gottes vollkommenem Willen zu unterstellen. An einem Mittwochmorgen folgte eine Frau diesem Aufruf und übergab ihr ganzes Leben und alles, was ihr wertvoll war, dem Willen Gottes. Am Wochenende darauf verunglückte ihr Mann tödlich! Eine Woche nach unserem Seminar überbrachte mir eine der Seminarteilnehmerinnen eine Nachricht von der Witwe:»Bitte sag Evelyn, daß Gott mich auf diese Erfahrung vorbereitet hat, als ich mein Leben seinem Willen übergab.«

Mehrere Monate später berichtete sie uns auf einer Arbeitstagung für Gebetsgruppenleiter unter Tränen, sie habe in diesem tragischen Ereignis tatsächlich Gottes Willen erkennen können, denn eine ihrer Töchter, die sich von Christus abgewandt hatte und aus dem Elternhaus ausgezogen war, sei wieder zu Jesus zurückgekehrt und unterrichte nun anstelle des Vaters die kleineren Geschwister täglich im Bibellesen und Gebet.

Eine andere junge Frau bekannte:»Ich kann einfach nicht dafür beten, daß Gottes Willen in meinem Leben geschieht, ich kann es einfach nicht.« Als ich nach dem Grund fragte, antwortete sie:»Ich habe so lange um ein Kind gebetet. Dann wurde ich schwanger und war so glücklich, weil ich wußte, daß es eine Gebetserhörung war. Gott hatte uns das Baby geschenkt! Aber im Dezember hatte ich eine Fehlgeburt – und jetzt habe ich doch kein Baby.«

Behutsam antwortete ich:»Gott macht keine Fehler. Er schenkte dir das Kind nur für die wenigen Monate, in denen du es getragen hast. Damit hat Gott seinen Plan im Leben dieses Kindes erfüllt.« Die junge Frau dachte eine Zeitlang

nach und sagte dann: »Nun kann ich in Gottes Willen beten.«
Dann betete sie: »Herr, was auch geschehen mag – nur dein
Wille geschehe in meinem Leben!«

Bei einem anderen Seminar zum gleichen Thema richtete
sich ein junger Mann, der vor fünf Jahren an einem Hirntumor
operiert wurde, mühsam an zwei Stöcken auf und fragte, ob
er etwas sagen dürfe. Wir dachten alle, er würde uns bitten,
für seine Heilung zu beten. Doch gestützt auf seine »neue«
Mutter auf der einen und auf mich auf der anderen Seite,
lehnte er sich zum Mikrofon vor und sagte: »Ich möchte nur
Gott für diese Seminare danken und für das Vorrecht, dabei
sein zu dürfen. Wie ihr wißt, starb meine Mutter, als ich nach
der Operation im Koma lag. Wäre dies nicht geschehen, so
würde ich jetzt nicht mit meiner neuen Mutter leben, die an
Christus glaubt. Sie hat mich zu Jesus geführt, und ich habe
ihn als meinen Erlöser angenommen. Ohne meinen Unfall hätte
ich Jesus vielleicht nie kennengelernt. Ich bin zu allem bereit,
was Gott mit mir vorhat.« Als er so dastand, konnte er nicht
einmal alleine aufrecht stehen, aber er war bereit, Gottes Willen
anzunehmen.

Lobpreis ist wichtig

Vielleicht erkennen wir ganz plötzlich, vielleicht aber auch
nur allmählich, daß Gott in unserem Leben keine Fehler macht.
Dann sind wir fähig, ihn zu preisen. Eine Frau in meinem
Bibelkreis, die gerade erst gläubig geworden war, meinte eines
Tages am Telefon: »Ich habe, glaube ich, eine Bibelstelle
gefunden, die falsch übersetzt ist. Im ersten Kapitel des Jako-
busbriefes steht in Vers 2: ›Meine lieben Brüder, erachtet es
für lauter Freude, wenn ihr in mancherlei Anfechtungen fallt.‹
Das kann ja wohl nicht ganz stimmen.«

Ich lächelte am Telefon: »Doch, genau das ist gemeint. Zu
dieser Freude können Sie gelangen, wenn Sie nach jahrelangen
Schwierigkeiten und Prüfungen feststellen, daß das alles zu
Ihrem Besten dienen mußte und daß Gottes Wille vollkommen
ist – daß er keine Fehler macht. Er wußte, was hätte geschehen

können. Wenn Ihnen das – schon in der Anfechtung – bereits bewußt wird, können Sie dennoch tiefe, innere Freude empfinden.«

In Philipper 4,6 heißt es: »Sorget euch um nichts, sondern in allen Dingen laßt eure Bitten in Gebet und Flehen mit Danksagung vor Gott kundwerden!«

Es ist ein Vorrecht, Gott in unserem Leben verherrlichen zu dürfen. Wir sollten immer dankbar sein, denn wir wissen: Gott macht keine Fehler. Wenn wir effektive Fürbitter werden wollen, darf unser »Herr, dein Wille geschehe« kein bloßes Anhängsel sein, mit dem wir unsere Fürbitte abschließen. Es muß vielmehr eine Ergebung in den Willen Gottes, eine Lebensform sein. Wir müssen sowohl mit unseren Gebetsanliegen wie auch in unserem eigenen Leben bereit sein, ja zu sagen zum Willen Gottes. Und wir sollen »Dank sagen Gott, dem Vater, allezeit für alles, im Namen unseres Herrn Jesus Christus« (Eph 5,20). Das ist zwar leichter gesagt als getan, aber es lohnt sich!

Ein Gebet für Sie:

Überlegen Sie einmal, was für Sie das Wichtigste im Leben ist (Gesundheit, ein geliebter Mensch, Ihre Arbeit, die Schule usw.).

Beten Sie: »Vater, nur Dein Wille soll mit dem geschehen, was mir am meisten bedeutet.«

Danken Sie Gott für seine Antwort, wie immer sie auch ausfällt, weil Sie wissen, daß sie seinem vollkommenen Willen entspricht.

Beten Sie das folgende Gebet nur dann, wenn es Ihnen wirklich ernst ist: »Vater, ich möchte, daß dein Wille in *jedem Bereich* meines Lebens geschieht, auch bei der Arbeit, zu Hause, hinsichtlich meiner Gesundheit und meiner Kinder, meiner Angehörigen auch in meinem Dienst für dich. Amen.«

Die Dimension des Raumes
– wo wir beten

»Wenn du aber betest, so geh in dein Kämmerlein und schließ die Tür zu und bete zu deinem Vater, der im Verborgenen ist; und dein Vater, der in das Verborgene sieht, wird dir's vergelten.«   Mt 6,6

Mein alter, grüner Lehnstuhl war der Ort, an den ich mich jeden Morgen zurückzog, um Zeit mit Gott allein zu verbringen. An diesem Stuhl schüttete ich auf Knien Gott mein Herz aus. An diesem Stuhl habe ich auch oft geweint, wenn ich für geliebte Menschen betete. Das war der Ort, an dem ich von Ehrfurcht und Bewunderung für ihn und sein Wesen erfüllt wurde – denn »der Himmel und aller Himmel Himmel können dich nicht fassen« (1. Kön 8,27).

Dort lag ich auf Knien vor meiner aufgeschlagenen Bibel, und Gott zeigte mir, worüber ich in einer Reihe von Vorträgen sprechen sollte. Ich hatte meinen Kopf in die Hände vergraben und Gott um Weisheit für einen bestimmten Vortrag gebeten. Da ich keine Antwort erhielt, griff ich nach der Morgenzeitung und las, daß die Sowjetunion wieder einen Satelliten ins Weltall geschickt hatte. Da sagte Gott zu mir: »Nicht derjenige, der das Weltall *erobert*, ist der Herr, sondern der, der es *geschaffen* hat und durch den es besteht« (vgl. Kol 1,16-17). Damit hatte ich das Thema für meinen Vortrag!

Das persönliche und das öffentliche Gebet

Haben Sie einen festgelegten, stillen Ort (eine besondere Ecke, einen bestimmten Sessel oder einen abgelegenen Raum), an dem Sie allein mit Gott reden können? Ein »Kämmerlein«, in dem Sie jeden Tag mindestens einmal *die Tür zuschließen* und im Verborgenen zum Vater beten? Das Gebet in der Gemeinschaft ist wichtig, und wir müssen *mit*einander beten – wir sollen »unsere Versammlungen nicht verlassen« (vgl. Hebr 10,25). Aber wenn wir auseinandergehen, um im Verborgenen zu beten, dann ist das vielleicht das wichtigste Gebet. Unser persönliches Gebetsleben spiegelt sich auch in unserer Teilnahme am Gebet in der Gemeinschaft wieder, denn *unser persönliches Gebet bestimmt die Qualität und Glaubwürdigkeit unseres öffentlichen Betens.*

Auch wenn es nicht unsere Aufgabe ist, das Gebet anderer kritisch zu beurteilen, können wir in einem Gebetskreis doch oft die ausmachen, die viel Zeit im verborgenen Kämmerlein zugebracht haben und auch diejenigen, die vielleicht nur gekommen sind, um wenigstens einmal in der Woche zu beten. Manche geben sich alle Mühe, fromm zu reden, aber es ist deutlich zu erkennen, daß sie die tiefere Dimension des verborgenen Betens noch nicht erfahren haben.

Haben Sie schon einmal einen glitzernden, blauen Eisberg gesehen? In Alaska bestaunte ich einmal einen Bergsee, in dem wunderschöne, blaue Eisberge trieben. Sofort tauchte in meinen Gedanken ein Artikel aus einem Familienmagazin auf, der unser verborgenes Gebet mit einem Eisberg verglich. Das Schild »Bootfahren strengstens verboten« erinnerte mich daran, daß sich acht Neuntel eines Eisbergs unterhalb der Wasseroberfläche befinden und somit unsichtbar sind. Nur ein Neuntel des Berges ragt sichtbar aus dem Wasser. Am Tag darauf erklärte ich in unserem Gebetsseminar in Anchorage, daß unsere Gebete wie Eisberge sein sollten, von denen ein Neuntel sichtbar und acht Neuntel unsichtbar sind.

Es gibt viele Gebetskämmerlein

Vielleicht sagen Sie jetzt:»Ich habe einfach nicht die Zeit, mich lange in ein Kämmerlein einzuschließen.« Die habe ich auch nicht, aber es gibt noch andere Möglichkeiten des »Gebetskämmerleinbetens«. Ich ziehe mich innerlich an den Ort zu meinem Gott zurück, an dem ich mich gerade befinde – am Spülbecken, am Schreibtisch oder auch in einem Raum voller Menschen.

»Sie müssen aber eine unglaubliche Konzentrationsfähigkeit haben«, bemerkte einmal jemand. – Die habe ich nicht, ich habe nur gelernt, mich vor Menschen zu Gott zurückzuziehen. Wir haben das einmal versucht, als wir mit 525 Leuten in einem Raum saßen, in den kaum 500 hineinpaßten. Obwohl wir auf Tuchfühlung waren, entdeckten wir, daß es möglich war, sich innerlich zu Gott zurückzuziehen. Auch das ist verborgenes Beten. Aber es ersetzt natürlich nicht das Sich-Zurückziehen an einen bestimmten Ort zu einer bestimmten Tageszeit, wo wir alleine Zeit mit Gott und seinem Wort verbringen.

Eines meiner bevorzugten »Gebetskämmerlein« ist mein Auto. Wenn ich mich dahinein zurückziehe, falte ich – beim Fahren – natürlich nicht die Hände oder schließe gar die Augen!

Als ich mich einmal für ein Tagesseminar fertig machte, lief wirklich alles schief. Mein Mann rief mich aus Kalifornien an, ich solle herausfinden, wann gewisse Professoren vom Flughafen abzuholen seien und solle diese Information an seine Sekretärin weiterleiten. Weder konnte ich die Professoren noch die Sekretärin ausfindig machen, obwohl ich alle nur denkbaren Nummern wählte.

Dann rief mich mein Sohn aus der Schule an: Er hatte seine Bücher vergessen, und ich sollte sie ihm vorbeibringen. Danach war ich schon reichlich verspätet und mußte von der Schule aus auch noch eine weite Umleitung fahren, so daß ich den Weg zurück zur Autobahn fast nicht mehr gefunden hätte.

Als ich endlich die richtige Straße erreicht hatte, schrie ich innerlich zu Gott:»O Herr, bitte übernimm du die Leitung! Nimm mir alle Spannung und Frustration. Laß deinen Frieden und deine Kraft durch mich fließen. Mache aus mir den Menschen, den du für dieses Gebetsseminar haben willst.« Er erhörte mein Gebet. Mein Auto war zu einem Gebetskämmerlein geworden! Sogar der Sitzplatz im Flugzeug kann zu einem Gebetskämmerlein werden. Zwei Jahre lang hatte ich mit einer Freundin für ihre Schwester gebetet, daß sie Christus annehmen möge. Jedes Mal, wenn meine Freundin ihr einen Brief schrieb, bat sie mich, für ihre Schwester zu beten, daß Gott beim Lesen des Briefes an ihr arbeiten möge. Eines Tages hatte mein Flugzeug in der Stadt, in der diese Schwester wohnte, einen zehnminütigen Aufenthalt. Ich hatte plötzlich den starken Eindruck, daß Gott mich drängte, für sie zu beten. Zwei Tage später rief mich meine Freundin voller Freude an, ihre Schwester habe geschrieben und sich bekehrt! Und zwar genau an dem Tag, an dem Gott mir im Flugzeug aufs Herz gelegt hatte, für sie zu beten.

Welche Gebetshaltung nehmen wir ein?

So wie wir für unsere Gebetskämmerlein, die aus einer spontanen Situation heraus entstehen, keinen bestimmten Platz brauchen, wir auch keine bestimmte Gebetshaltung einzunehmen. In einem unserer Seminare erklärte ein Mann nach der ersten Versammlung, daß er nicht wiederkommen würde, weil wir »nicht biblisch« beten würden. Als ich ihn bat, seine Aussage doch bitte näher zu erläutern, meinte er, wir würden keine »heiligen Hände aufheben«. Für ihn war diese Gebetshaltung die einzig mögliche, obwohl ich ihn darauf aufmerksam machte, daß im Wort Gottes viele Gebetshaltungen erwähnt werden.

Jesus gibt uns im Garten Gethsemane ein Beispiel, beim Beten zu knien: »Und er riß sich von ihnen los, etwa einen Steinwurf weit, und kniete nieder und betete ...« (Lk 22,41). Als Jesus am Grab des Lazarus stand, »*hob* er *seine Augen auf* und sprach: ›Vater, ich danke dir, daß du mich erhört hast‹« (Joh 11,41). Und Paulus schrieb: »So will ich nun, daß die Männer beten an allen Orten und aufheben heilige Hände ohne Zorn und Zweifel« (1. Tim 2,8).

Es gab Männer, die sich in solchen Notsituationen befanden, daß sie sich im Studierzimmer meines Mannes auf den Boden warfen. Einer dieser Männer hatte gerade erfahren, daß seine junge Tochter unehelich schwanger war. Er warf sich auf den Boden und weinte, und mein Mann mußte ihm wieder aufhelfen.

Im Alten Testament lesen wird, daß sich König Salomo vor dem Herrn *niederwarf*, wenn er im Tempel betete. Sein Vater David sprach mit Gott auf seinem Lager (vgl. Ps 4,5). Wir dürfen jedoch gewiß sein, daß Gott immer ein offenes Ohr für uns hat – unabhängig davon, wo und wie wir beten (vgl. Ps 139,2-3).

Heilige Stätten

Gott wohnt nicht in Tempeln, die von Menschen erbaut wurden. Dennoch sind manche Orte so oft als Gebetskämmerlein benutzt worden, daß sie heilige Stätten zu sein scheinen. Haben Sie schon einmal einen Ort betreten, an dem Sie sofort Gottes Gegenwart spürten? Mein Mann und ich haben einmal eine alte Kapelle besucht – und empfanden sogleich Gottes Nähe. Ich bat meinen Mann, mich einen Augenblick allein zu lassen. Dann kniete ich am Altar – nicht um zu beten, sondern nur, um Gottes Gegenwart auf mich *wirken* zu lassen.

Christus wußte, daß wir es nötig haben, Zeit mit Gott allein zu verbringen. Sein Gebetsleben war seinen Nachfolgern damals und ist uns heute noch ein Vorbild. Auch wenn die Jünger die engsten Freunde unseres Herrn waren, hatte auch er es nötig, im Verborgenen zu seinem himmlischen Vater zu beten. Obwohl Jesus seine Jünger das Beten in Gemeinschaft gelehrt hatte, wie in den vorausgegangenen Kapiteln dargelegt, wußte er auch um die Bedeutung des persönlichen, verborgenen Betens. Obwohl er als Gott Mensch wurde, hielt er es für nötig, sich auf einen Berg zurückzuziehen, um alleine eine ganze Nacht zu beten, ehe er die zwölf Apostel erwählte. Wenn er es nötig hatte – haben wir es dann nicht viel mehr nötig?

Ein Gebet für Sie:

»Herr, schenke mir Freude am persönlichen Beten im Gebetskämmerlein. Hilf mir, im täglichen persönlichen Gebet treu zu bleiben und Zeit mit dir und deinem Wort zu verbringen. Lehre mich, mich zu jeder Zeit zu dir zurückzuziehen, egal, wo und mit wem ich zusammen bin.«

Die Dimension der Zeit
– wann wir beten

»Betet ohne Unterlaß.«   1. Thess 5,17

Saßen Sie schon einmal mit einem geliebten Menschen am Kaminfeuer? Haben Sie dabei ununterbrochen geredet? Oder mußten Sie sich räuspern, um anzukündigen, daß Sie nun etwas sagen möchten? Haben Sie dann nach einer brillanten Einleitung eine formelle Rede gehalten? Natürlich nicht! Wenn Sie mit einem Menschen zusammen sind, den Sie lieben, brauchen Sie sich nicht unbedingt zu unterhalten, um echte Verständigung zu erfahren. Wenn Sie etwas sagen wollen, sagen Sie es einfach, und wenn nicht, dann lassen Sie es, aber eine Verständigung ist immer möglich.

»Beten ohne Unterlaß« funktioniert genauso. Es bedeutet, unser Kommunikationssystem mit Gott auf Empfang zu schalten, einen »heißen Draht« zu ihm zu haben und damit jederzeit dialogbereit zu sein. Wenn diese Verbindung besteht, können wir ihm sagen, was wir wollen, und er kann zu uns reden, wann er will. Ja, es ist möglich, täglich 24 Stunden »ohne Unterlaß« zu beten.

Schlagen wir nach einem Gebet die Tür hinter uns zu, nach dem Motto: »Das wär's für heute. Bis morgen, Herr, gleiche Zeit, gleiche Welle!«? Dies war sicherlich nicht die Gesinnung des Heiligen Geistes, als er Paulus zu dem Ratschlag inspirierte, »ohne Unterlaß« zu beten (1. Thess 5,17). Das war auch nicht Christi Absicht, als er seine Jünger lehrte, allezeit zu beten und nicht nachzulassen (Lk 18,1).

Nachdem Paulus die Waffenrüstung aufgelistet hat, mit der wir Satan widerstehen sollen, fährt er fort: »Betet allezeit mit

Bitten und Flehen im Geist« (Eph 6,18). Die Kraftquelle in unserem Kampf gegen den Feind ist das »Beten ohne Unterlaß«. Wenn diese Verbindung jedoch unterbrochen wird, können uns die feurigen Pfeile Satans empfindlich treffen. Aber das braucht nicht zu passieren! Lassen Sie uns Ihren Tagesablauf analysieren und herausfinden, wie wir das Kommunikationssystem zwischen uns und Gott 24 Stunden am Tag aufrechterhalten können.

Lerche oder Eule?

Wie beginnen Sie Ihren Tag? Sind Sie eine »Lerche« oder eine »Eule«? Lerchen zwitschern schon früh am Morgen und lassen im Laufe des Tages merklich nach. Eulen brauchen morgens etwas länger, um in Gang zu kommen, werden aber gegen Abend immer munterer.

In unserer Familie sind wir in zwei Lager gespalten. Ich bin eine »Lerche«, mein Mann dagegen ist zweifellos eine »Eule«. Wenn wir abends miteinander beten und Chris kein Ende findet, muß ich ihn manchmal bitten, etwas schneller zu beten, weil ich sonst einschlafe. Morgens sieht die Sache dagegen ganz anders aus. Wenn ich Chris wachrüttle und ihm erzählen will, was ich vom Herrn empfangen habe, murrt er und zieht die Decke über den Kopf.

Jeder von uns hat eine eingebaute, individuelle Uhr. Da unsere Uhren unterschiedlich eingestellt sind, gibt es keine geistlichen Pluspunkte für die »Lerchen«. Früher sagte ich nicht ohne Stolz: »Morgens habe ich meine schöpferische Phase.« Dann merkte ich jedoch, daß nicht meine morgendliche Kreativität ausschlaggebend war, sondern mein Hören auf den Herrn am Morgen.

Auf die Frage, woher ich die Zeit nehme, so viele Ansprachen und Vorträge vorzubereiten, antworte ich: »Ich schreibe keine Vorträge, sondern habe ein kleines Notizbuch auf meinem Nachttisch liegen. Wenn ich morgens noch im Bett mit meinem himmlischen Vater rede, schreibe ich einfach auf, was er mir sagt.«

Wenn ich aufwache, bete ich: »Herr, hier bin ich. Was möchtest du mir sagen?« Normalerweise gehe ich davon aus, daß seine Weisungen aktuelle Situationen betreffen. Oft stelle ich aber fest, daß es Weisungen sind, die für weit in der Zukunft liegende Seminare und Freizeiten bestimmt sind. Ich schreibe sie auf und hefte sie ab. Sobald ich diese Gedanken dann sortiere und zusammenstelle, entdecke ich jedesmal mit Erstaunen, daß Gott mir alle Anregungen, die ich zu einer bestimmten Zeit benötige, rechtzeitig gegeben hat!

Es ist eine spannende Sache, früh am Morgen auf den Herrn zu hören, wenn der Kopf noch ausgeruht und klar ist und bevor die Hetze des Alltags uns überfällt. Haben Sie es gelernt, morgens den Herrn zu bitten: »Herr, hier bin ich. Sage mir, was ich heute wissen und tun soll«? Haben Sie ihn jemals gefragt, ob er möchte, daß Sie einen bestimmten Menschen anrufen oder etwas ganz Bestimmtes tun? Sie werden über seine Antworten erstaunt sein, wenn Sie es tun!

Ich habe dies mehr als einmal auf wunderbare Weise erfahren: Als ich eines Morgens im Bett mit Gott redete, fragte ich ihn wie so oft: »Herr, wen soll ich heute anrufen?« Die Antwort kam prompt und deutlich: »Mona«. – »Aber Herr, ich kenne Mona doch gar nicht. Ich habe sie zweimal auf Veranstaltungen getroffen, und das ist alles!«

Ich wartete, bis die Kinder zur Schule gegangen waren, dann nahm ich den Telefonhörer ab und sagte zum Herrn: »Du wirst mir schon sagen müssen, wie ich zu Mona sprechen soll, denn ich weiß es wirklich nicht.«

Obwohl ich mir etwas dumm dabei vorkam, wählte ich ihre Nummer und sagte: »Hallo Mona. Hier spricht Evelyn Christenson aus der Nachbarschaft.« Mehr sagte ich nicht. Da fing Mona an zu weinen. Sie erzählte mir, sie und ihr Mann hätten gestern von den Ärzten erfahren, daß ihr Sohn Dave (der Freund unserer Tochter Jan) unheilbar an Leukämie erkrankt sei. – Durch meinen Gehorsam schenkte mir Gott die Gelegenheit, eine Brücke zu Mona zu bauen und sie in ihrer Not zu trösten.

Eines Morgens fragte mich meine Tochter, ob ich für ein Mädchen, das sich mit ihren Eltern zerstritten hatte, beten könne. Ich bat Gott, dieses Mädchen anrufen zu lassen oder vorbeizuschicken, falls ich mit ihr reden solle. Als es um zwei Uhr nachmittags an der Tür klingelte, stand sie da mit einem Koffer: »Hallo, ich dachte, ich könnte vielleicht eine Weile bei euch wohnen?« Es war mal wieder ein hektischer Tag gewesen und ich seufzte innerlich: »Herr, *so* wörtlich habe ich es nun auch nicht gemeint.«

Ich dachte immer, daß es einem als »Eule« erlassen sei, früh morgens mit Gott zu reden. Als ich aber eines Tages den fünften Psalm las, den ich schon oft gelesen hatte, begriff ich etwas zum ersten Mal. Zu Chris sagte ich: »Schau mal, es ist tatsächlich biblisch, an einem neuen Tag zuerst mit Gott zu reden!« Diese Bedeutung war mir tatsächlich noch nie aufgefallen: »Herr, höre meine Worte, merke auf mein Reden! Vernimm mein Schreien, mein König und mein Gott; denn ich will zu dir beten. Herr, frühe wollest du meine Stimme hören, frühe will ich mich zu dir wenden und aufmerken« (Ps 5,2-4).

Da steht nicht, daß wir stundenlang beten müssen, aber zumindest »Guten Morgen« sollten wir unserem Herrn sagen und ihm den Tag übergeben. Egal, ob Sie eine »Lerche« oder eine »Eule« sind, Gottes Wort sagt, daß wir früh am Morgen seine Nähe suchen sollen. Bevor die Hetze des Alltags hereinbricht, ja noch vor dem Frühstück, vor dem Schulbus, bevor irgend jemand mit Ihnen spricht, sollten Sie sich »frühe zu ihm wenden und beten«.

Gebet vor der Schule

Seit unser erstes Kind in den Kindergarten ging, machten wir es uns zur Gewohnheit, mit jedem Kind zu beten, bevor es aus dem Haus ging. Das war eine wertvolle Erfahrung für mich, denn es war mehr als eine Gebetszeit! Wir konnten schützend die Arme um unsere Kinder legen und ihnen die Geborgenheit der Familie schenken, bevor wir sie in die große und oft übermächtige Welt hinausschickten. Wir konnten sie dann in der Gewißheit gehen lassen, daß Gott in allen Ereignissen des Tages über sie wachen würde.

Nach dem Frühstück müssen die Kinder zur Schule. Hin und wieder sagt mein Sohn zu mir: »Beeil' dich Mama, bete schneller! Der Schulbus kommt.« – Und weg ist er. Manchmal beten wir nur ein oder zwei Sätze. Aber es ist sehr wichtig für unseren Tagesablauf, als Familie mit Gott Gemeinschaft zu haben, bevor wir auseinandergehen.

Der Tag nimmt seinen Lauf

Morgens habe ich mit Gott gute Gemeinschaft. Wenn Gott und ich miteinander reden, sagt er mir, was ich tun soll, und ich bin dankbar dafür. Da gibt es keine Probleme, weil niemand da ist, der mich ärgern könnte. Ich brauche mich nicht mit meinen Reaktionen herumzuärgern. Ich könnte fast ein perfekter Christ sein, wenn ich in meinem Gebetskämmerlein bei Gott bleiben könnte. Aber da kann ich nun mal nicht bleiben! Auch nicht im Kreis meiner Familie, bei denen, die mich lieben, kann ich bleiben. Ich muß hinaus und anderen begegnen – und auf einmal bricht die Gemeinschaft, die ich noch früh am Morgen mit Gott hatte, auseinander!

Ich bin ein sehr kontaktfreudiger Mensch und mag fast alle Menschen, denen ich begegne. Manchmal ärgert mich jedoch auch jemand, so daß ich entsprechend reagiere. Ein andermal brauche ich jemanden nur anzusehen, und schon habe ich ihn in eine Schublade gesteckt.

Wie lösen wir das Problem? In solchen Fällen greife ich auf mein »SOS-Gebet« zurück: »Hilf, Herr!« (Ist jedoch nur als stilles Gebet gedacht!) »Herr, gib *du* mir die richtige Einstellung diesem Menschen gegenüber.«

Vielleicht können Sie sich vorstellen, wie es einer Pastorenfrau geht, wenn sie sich auf Veranstaltungen in einer anderen Stadt vorbereitet. Die Wäsche muß hergerichtet und für die Familie müssen genug Vorräte für die Zeit der Abwesenheit eingekauft werden. Jede einzelne Ansprache will ausgearbeitet sein, die richtigen Kleider müssen ausgewählt sein, und im letzten Augenblick muß noch etwas eingekauft werden. Alles ist hektisch, und da ich nicht unvorbereitet losfahren kann, verbringe ich zusätzliche Zeit mit dem Herrn, um mich »in Form« zu beten. Schließlich setze ich mich ins Auto oder Flugzeug und lege in Gedanken meine Notizen dem Herrn hin.

Als ich nach diesen Vorbereitungen einmal auf einer Freizeit ankam, wurde ich einer Pastorenfrau vorgestellt. Sie saß neben mir und spöttelte:»Mögen Sie diese Damenkränzchen wirklich?«

Das saß – nach all den Vorbereitungen und der Mühe, die ich mir gemacht hatte. In wenigen Augenblicken sollte ich den Frauen das mitteilen, was mir der Herr für sie mitgegeben hatte. Aber in mir sträubte sich alles!

Nun hatte ich keine Zeit, lange zu beten. Als ich auf das Podium stieg, betete ich still zum Herrn:»Hilfe Herr, SOS! Gib mir die richtige Einstellung zu dieser Pastorenfrau!« Die Auflehnung in mir legte sich in Sekundenschnelle. Gott wußte, daß ich nicht viel Zeit hatte, um diese Sache zu klären, und er beantwortete mein Gebet sofort. Was wäre geschehen, wenn ich die Zuhörer angezischt hätte? Ich hätte der ganzen Freizeit »den Boden unter den Füßen weggezogen«.

Auf einer Gebetsversammlung für Frauen von Universitätsprofessoren wurde ein ernstliches finanzielles Anliegen genannt. Am Tag zuvor war die Zusage einer großen Spende für das neue Gelände zurückgenommen worden.

Beim Kaffeetrinken vor der Gebetsversammlung lernte ich eine Frau kennen, über die ich innerlich die Nase rümpfte, so merkwürdig fand ich sie. Und je mehr sie redete, desto merkwürdiger kam sie mir vor.

Aber der Herr ermahnte mich:»Evelyn, das ist Sünde!« Kennen Sie die erste Voraussetzung für eine Gebetserhörung? »Wenn ich aber Unrechtes vorgehabt hätte in meinem Herzen, so hätte der Herr nicht gehört« (Ps 66,18).

Plötzlich wurde mir klar, daß ich dabei war, diesen Vormittag zwar im Gebet, aber mit Sünde in meinem Herzen zu verbringen! Also schickte ich wieder ein SOS-Gebet zu Himmel:»Herr, bitte gib mir die richtige Einstellung zu dieser Frau, egal wer sie ist!«

Wenn wir dieses Gebet beten, dürfen wir sicher sein, stets nach dem Willen Gottes zu beten. Gott weiß, welche Einstellung er uns schenken will. Wir sehen im Leben Jesu, daß seine Reaktion manchmal Liebe war, manchmal gerechtfertigte Entrüstung, manchmal Geduld, manchmal Selbstbeherrschung und manchmal Mitgefühl. An diesem Tag hatte Gott eine Überraschung für mich bereit.

Wer hat Ihrer Meinung nach wohl als erste in jener Gebetsversammlung gebetet? Jene »merkwürdige« Frau. Und während sie betete, entdeckte ich eine mir bisher völlig unbekannte Dimension des Gebets. Sie betete: »Danke Herr, daß das Geld gestern nicht gekommen ist.« – Ich blinzelte, und sie fuhr fort: »Herr, du hast uns das *Vorrecht* geschenkt, heute morgen mit einer großen Not vor dir auf den Knien zu liegen. Dafür danken wir dir. Und danke, daß der Universitätsdekan das Vorrecht hat, mit dieser Not heute vor dir auf den Knien zu liegen. Danke, daß sich die ganze Lehrerschaft in dieser Not befindet und danke für das Vorrecht, vor dir auf den Knien zu liegen.« Nach diesem Gebet kam ich mir ganz klein vor.

Als ich diese Frau näher kennenlernte, entdeckte ich noch mehr. Täglich betete sie mindestens zwei Stunden für andere. Sie benutzte eine seitenlange Gebetsliste voller Namen, für die sie jeden Tag betete. Und *ich* hatte sie für »merkwürdig« gehalten!

Auf einer Pastorenkonferenz, auf der ich ein Seminar für die Ehefrauen abhielt, hatte ich einmal eine sehr schwierige Begegnung. Jede Teilnehmerin sollte sich mit einer Partnerin austauschen und mit ihr beten. Als meine junge Gebetspartnerin und ich unsere Stühle nahmen, um uns in eine Ecke zu setzen, sah sie mich direkt an und sagte: »Eigentlich kann ich Sie nicht ausstehen!«

Dies rief in mir natürlich keine angenehmen Gefühle hervor, und ich schlug ihr vor, erst einmal miteinander zu reden. »Sagen Sie mir, warum Sie mich nicht mögen«, forderte ich sie auf.

»Das werde ich tun. Mein Mann ist von dem Auswahlausschuß, der einen Nachfolger für Ihre frühere Gemeinde sucht, zu einem Vorstellungsgespräch gebeten worden. Zwar kenne ich Sie nicht, ich habe Sie noch nie gesehen und auch noch keinen Ihrer Vorträge gehört, aber ich weiß, daß Sie die Frau des früheren Pastors jener Gemeinde sind.« Dann explodierte sie: »Sie verkörpern genau das, was ich niemals sein will und als Pastorenfrau auch nie sein kann. Deshalb mag ich Sie nicht.«

Zuerst wußte ich nicht, was ich darauf antworten sollte, aber Gott schien mir zu sagen, daß ich mit ihr über meine ganz persönliche Situation sprechen sollte. Ich erzählte ihr dabei auch, wie die Mitglieder jener Gemeinde einmal ganz treu für mich gebetet hatten, als ich mich in einer schwierigen Lage befand. Auch für sie als die Frau ihres Pastors würden sie so beten. Es dauerte nicht lange, und wir falteten die Hände und dankten Gott.

Als wir auseinandergingen, sagte sie: »Wenn mein Mann und ich heute nachmittag nach Hause fahren, möchte ich ihm von unserer Begegnung erzählen. Werden Sie für mich beten?«

Ich versprach es ihr, aber sie wartete nicht bis zum Nachmittag. Beim Mittagessen eilte ihr Mann auf mich zu und wollte wissen, was ich mit seiner Frau gemacht hätte. »Nichts«, antwortete ich, »was ist denn passiert?«

Aufgeregt erzählte er: »Gott hat mich beauftragt, die Gemeinde, in der ich jetzt diene, zu verlassen, aber meine Frau hat sich immer rigoros dagegen gewehrt. Es sei ihr ganz egal, wohin man mich riefe, sie käme nicht mit. Und gerade sagte sie zu mir: ›Schatz, ich gehe mit dir, egal wo Gott dich hinführt.‹ Was haben Sie mir ihr gemacht?«

Was hatte ich getan? Ich hatte nur gebetet: »SOS, Herr, gib mir die richtige Einstellung zu dieser Frau.« Und sofort hatte mir Gott Verständnis für diese junge Pastorenfrau geschenkt, die ihre ländliche Gemeinde nicht verlassen wollte.

Kürzlich erzählte mir eine Frau, daß sie gerade einen neuen Pastor in ihre Gemeinde berufen hätten. Und raten Sie einmal, wen? Genau diesen jungen Pastor. Sie fuhr fort: »Und wissen Sie, warum wir ihn berufen haben? Er ist ja großartig, aber beeindruckt waren wir vor allem von seiner Frau. Ihr liegt soviel daran, daß ihr Mann Gott *da* dient, wo *er* ihn haben will, und sie unterstützt seinen Dienst in einer Weise, wie ich es noch nie bei einer Pastorenfrau gesehen habe.« Ich mußte schmunzeln und dankte Gott für das Mädchen vom Land, das noch vor einem Jahr gesagt hatte: »Eigentlich kann ich Sie nicht ausstehen.«

Wenn wir Gott um die richtige Einstellung für einen bestimmten Menschen bitten, dann erfüllt er uns diese Bitte gern. Einmal hatte ich ein kleines Mädchen zu Besuch, das einem die letzten Nerven rauben konnte. Ihre Haare und den Gartenzaun und das halbe Haus konnte sie schneller anmalen als ich ihr den Farbtopf wegnehmen konnte! Wie sollen wir in solchen Fällen reagieren? Wir können beten: »Herr, gib mir jetzt – in diesem Augenblick – die Einstellung, die Du von mir haben willst – zu diesem Menschen in meiner Familie, auf der Straße und sogar zu demjenigen, der mir sagt, daß er mich nicht leiden kann.« Den ganzen Tag über können wir, wenn wir Menschen begegnen, die uns gegen den Strich gehen, den heißen Draht zu Gott benutzen. Wir können einfach beten: »SOS, Herr! Gib mir die Einstellung, die *Du* von mir haben willst.« Das funktioniert immer.

Einer trage des anderen Last – zu jeder Zeit

Ist es für Ihre Kinder genauso selbstverständlich, Sie um Ihr Gebet für eine Mathearbeit wie um ihr Taschengeld zu bitten? Wissen Ihre Kinder, daß Sie einen heißen Draht zu Gott haben?

Eines Morgens war einer meiner Töchter schlecht vor Angst vor einem wichtigen Vorstellungsgespräch. Ich half ihr beim Fertigmachen und bevor sie wegging, beteten wir noch einmal intensiv. Ich verprach ihr auch, sie im Gebet zu begleiten. Schon bald klingelte das Telefon: »Mama, es klappte prima«, rief sie begeistert, und etwas leiser: »Ich habe *gespürt,* daß du gebetet hast.«

Der Schwiegervater unserer verheirateten Tochter hatte gerade eine Herzoperation hinter sich, als es plötzlich Komplikationen gab. Jan rief mich vom Krankenhaus aus ganz aufgeregt an: »Mutter, das Herz von Skips Vater hat aufgehört zu schlagen!« Im Hintergrund hörte ich die hastigen Schritte des Krankenhauspersonals.

Nun stand *mein* Herz still. Ich fühlte mich so hilflos und so weit weg. »Was kann ich denn tun?« fragte ich verzweifelt. Nach einer langen Pause antwortete Jan: »Bete, Mutter, bete einfach!« Dann legte sie auf.

Ich habe gebetet. Ihr Schwiegervater erholte sich wieder und lebte noch weitere vier Jahre. Entscheidend war, daß Jan wußte, sie konnte sich auf mich verlassen, daß ich für ihre Nöte zu jeder Zeit und an jedem Ort beten würde.

Gebetsunterstützung innerhalb der Familie ist immer gegenseitig. Nach einer Freizeit in Kalifornien rief ich meine Familie zu Hause an. Mein zehnjähriger Sohn ging ans Telefon: »Wie ist es gelaufen, Mama?« wollte er wissen. »Kurt, es war großartig!« – »War nicht anders zu erwarten«, sagte er mit Stolz in der Stimme, »schließlich hat die ganze Kinderstunde für dich gebetet!«

Haben Sie jemanden, der für Sie betet und für den Sie beten? Suchen Sie sich einen Menschen, dem Sie Ihre persönlichen Nöte und Probleme anvertrauen können. Jemand, dem an Ihnen liegt und der Ihre Geheimnisse nicht ausplaudert. Dann können Sie das Gesetz Christi erfüllen: »Einer trage des anderen Last« (Gal 6,2).

Nachtwachen

Gehören Sie zu den Menschen, die Gott mitten in der Nacht aufwecken kann, damit Sie für seine Nöte auf diesem Planeten beten? »Aber ich brauche doch meinen Schlaf!« wenden Sie vielleicht ein. Das dachte ich auch. Jahrelang nahm ich Schlaftabletten, weil ich dachte, ich bräuchte acht Stunden Schlaf, um am nächsten Tag fit zu sein. Eines Tages warf ich diese Tabletten weg und sagte zu Gott: »Herr, es macht nichts, wenn ich heute nacht aufwache, denn wenn Du mich aufweckst, dann gibt es einen Grund dafür. Deshalb bitte ich Dich, mir zu sagen, für wen ich beten soll.«

Gott weiß, wann ich genug gebetet habe und wieder einschlafen kann. Dadurch bin ich morgens nicht gerädert, weil Gott mein Gebet brauchte. Das ist eine wunderbare Erfahrung.

Eines Nachts weckte mich der Herr und sagte mir, ich solle für Jacques (eine langjährige Gebetspartnerin) beten. Damals war sie in San Francisco und ging, wie ich später erfuhr, durch eine tiefe geistliche Krise. Der Brief, den mir Jacques am nächsten Morgen schrieb, bestätigte den Grund, warum mich Gott geweckt hatte. Während ich in St. Paul für sie betete, durchströmte sie in San Francisco ein tiefer Frieden. *Wenn Sie also nachts nicht schlafen können, dann zählen Sie keine Schäfchen, sondern sprechen Sie mit dem Hirten!*

Einmal fuhr ich spät am Samstagabend auf der Autobahn. Es war mir entgangen, daß mein Benzintank Durst haben könnte, weil ich selbst keinen hatte. Plötzlich machte es »tok, tok, tok!« und der Tank war leer! Ich konnte gerade noch an den Rand fahren und öffnete den Kofferraum und nicht die Motorhaube, damit die anderen überholenden Autofahrer nicht sehen konnten, daß eine Frau allein im Auto saß.

Jedesmal, wenn sich Lichter näherten, bat ich den Herrn, alle weiterfahren zu lassen, denen ich mich nicht anvertrauen könnte. So saß ich etwa 15 Minuten da, und alle Lichter schossen vorbei. Niemand hielt an.

Dann sah ich einen Wagen mit Rotlicht kommen und hörte von ferne eine Sirene. Zum ersten Mal in meinem Leben freute ich mich über dieses Geräusch! Ein Polizist stieg aus und meinte: »Sie wissen doch, daß es um diese Uhrzeit auf der Autobahn nicht ungefährlich für Sie ist?« Das wußte ich wohl. Er bot mir an, in seinem Wagen Platz zu nehmen, während er Benzin von seinem Wagen in meinen Tank füllte. Dabei bemerkte ich, wie er zitterte.

Er erzählte, daß er gerade von einem Unfall komme: »Eine schwangere Mutter ist am Steuer eingeschlafen, ihr Wagen kam von der Fahrbahn ab und rammte eine Zementleitung. Ein Drittel der rechten Wagenhälfte war abgerissen, und ich war auf das Schlimmste gefaßt. Das erste, was ich jedoch sah, war ein zweijähriges Mädchen, das herumhüpfte und nichts weiter abbekommen hatte als eine Sehnenzerrung. Aber was ich dann sah, erschütterte mich: Zwischen Mutter und Tochter saß eine lebensgroße Puppe, deren Kopf von einem Metallstück, das sich durch die Windschutzscheibe gebohrt hatte, abgetrennt worden war. Mutter und Tochter aber waren unverletzt.« Dann wandte er sich mir zu und fragte: »Glauben Sie an Gott?«

Auf mein »Ja« hin holte er tief Luft: »Glauben Sie, daß Gott auf dem Rücksitz dieses Wagens saß?« – »Das ist gut möglich«, antwortete ich und fuhr fort: »Wissen Sie, daß auch Sie eine Gebetserhörung sind?« – »Wieso denn ich?« fragte er erstaunt. Da erzählte ich ihm, wie ich für die vorbeifahrenden Autos gebetet hatte.

Die Geschichte mit Jacques ist aber noch nicht zu Ende. In jener Nacht hatte sie gespürt, daß sie unbedingt für mich beten sollte. Sie war gerade auf einer Geburtstagsfeier und konnte nicht beten. Aber Gott sagte noch einmal: »Jacques, bete für Evelyn.« Also sammelte sie das Geschenkpapier ein, entschuldigte sich und brachte den Abfall zu den Mülleimern, um dort zu beten. Als ich sie nach der Uhrzeit fragte, war es genau der Zeitpunkt, als mein Tank leer war!

Besitzen Sie einen heißen Draht zu Gott, den Sie zu jeder Tages- und Nachtzeit benutzen können? So daß Gott Sie jederzeit rufen kann: »Wach‹ auf, dieser Mensch braucht jetzt dein Gebet!«? Oder glauben Sie, daß Sie unter acht Stunden Schlaf nicht auskommen? Gehören Sie zu den Menschen, denen Gott seine Lasten anvertrauen kann?

»Betet ohne Unterlaß« – den ganzen Tag, die ganze Nacht. Das bedeutet, einen heißen Draht zu Gott zu haben und jederzeit »SOS« rufen zu können. Und es bedeutet auch, daß er anklopfen und Ihnen eine Not zeigen kann, für die er möchte, daß Sie beten.

Ein Gebet für Sie:

»Lieber Vater, ich möchte dir ganz zur Verfügung stehen, 24 Stunden täglich. Lehre mich, immer einen heißen Draht zu dir zu haben. Hilf mir auch, bereit zu sein, für andere zu beten, wenn sie es nötig haben.«

Die vertikale Dimension des Gebets
– zu wem wir beten

»Nahet euch zu Gott, so naht er sich zu euch.«

Jak 4,8

Ein sehr wichtiger Aspekt des Gebets – sich Gott zu »nahen« – wird oft übersehen. Bevor wir mit der Fürbitte beginnen, müssen wir auf Gott *warten*, bis wir die Gewißheit haben, daß wir mit ihm in Verbindung stehen. In dieser Zeit der Stille legen wir alles ab, was uns beschäftigt oder ablenkt. In dieser Zeit sprechen wir auch nicht *mit* ihm, sondern wir kommen zu ihm, wir kommen ihm *nahe*. Dann *naht er sich uns,* wie er es verheißen hat.

Hinwendung braucht Zeit

Sich Gott zu nahen ist in Gemeinschaft ebenso wichtig wie im persönlichen Gebet. In unseren Gebetskämmerlein ist das vielleicht leichter, aber auch in der Gruppe ist es notwendig. Oft hetzen wir in letzter Minute zur Versammlung und unterhalten uns noch, bevor wir richtig anfangen. Da ist es nötig, sich von all der Geschäftigkeit in die Stille vor Gott und damit in seine Nähe zurückzuziehen.

Es gab Tage in meinem Leben, in denen ich sehr kämpfen mußte, um Gott nahezukommen. Ich bemühte mich ernstlich und fragte mich, wo er eigentlich war. Es schien, als ob meine Gebete nur bis zur Zimmerdecke gingen. Inzwischen hat mir Gott jedoch vieles gezeigt, und ich habe die Phase des Mich-Abmühens überwunden.

Eines habe ich dabei gelernt: Wenn es nicht möglich war, eine gute Verbindung zu Gott herzustellen, dann lag es nicht an ihm, sondern an mir. Er ist derselbe – gestern, heute und in Ewigkeit, aber ich bin es nicht. Ich lasse es zu, daß Sünde in mein Leben kommt, die die Gemeinschaft mit ihm zerstört, und oft muß ich mich prüfen und bekennen, daß diese Sünden die Kommunikation zwischen uns blockieren.

Auch habe ich gelernt, nur auf meinen Herrn zu schauen, wenn ich mich ihm nahe. Die Freude, die mich durchströmt, wenn ich mir Gott in all seiner Liebe, seiner Macht und seiner Fürsorge um mich vorstelle, ist unbeschreiblich. Welch größeres Vorrecht könnten wir denn haben, als uns dem allmächtigen und allwissenden Gott zu nahen und dadurch mit ihm auf seinem Thron in Herrlichkeit erhöht zu werden? Das ist das Kostbarste an meiner Gebetszeit.

Beten Sie nur zum Herrn!

Warum lehrte Christus seine Jünger das Gebet: »Vater unser, der du bist im Himmel«? Unser Gott ist der einzige Gott im Himmel, aber es gibt noch andere Götter. »Du sollst keine anderen Götter haben neben mir« (2. Mose 20,3). Würden keine anderen Götter existieren, hätte Gott Mose nicht dieses Gebot gegeben.

Paulus beschreibt Satan als den »Gott dieser Welt« (2. Kor 4,4). In der gegenwärtigen Blütezeit des Okkultismus erhalten sogar manche bewußte Christen Antworten, die nicht von Gott sind. Christus verbrachte ein Viertel seines in der Bibel bezeugten Dienstes im Kampf mit dem Teufel. Deshalb sollten wir immer wachsam sein, daß wir unseren Geist nicht dem Satan, sondern nur unserem Gott im Himmel öffnen.

Nach einem Vortrag in einer Gemeindejugendstunde über die Gefahren des Okkultismus fragte ein Seelsorger, wieso er mehr Antworten von Satan als von Gott erhielte. Obwohl ich ihn vor den anderen nicht bloßstellen wollte, mußte ich ihm sagen, daß dann wohl mit seinem Gebetsleben etwas nicht stimmen könne.

Können selbst bewußte Christen unwissentlich den Einflüsterungen des Teufels erliegen? – Ich kenne fünf verschiedene Pastoren, denen eine Stimme sagte, sie sollen sich von ihrer Frau scheiden lassen, und alle fünf ließen sich scheiden. Sie meinten, der Herr habe zu ihnen gesprochen. Es überraschte mich nicht, als sich herausstellte, daß in allen Fällen eine andere Frau mit im Spiel gewesen war.

Ein Pastor sagte einmal zu einem Kollegen: »Ich weiß jetzt, daß es ein Leben nach dem Tod gibt, und das predige ich auch von meiner Kanzel.« – »Woher wissen Sie das?« fragte der andere Pastor überrascht. »Weil mein totgeborenes Kind mit mir spricht«, sagte der erste. »Zuvor war ich mir nie ganz sicher, aber jetzt weiß ich, daß es ein Leben nach dem Tod gibt.«

Bei meinen Vorträgen über Okkultismus stelle ich immer wieder mit Entsetzen fest, daß selbst gläubige Jugendliche mit den unterschiedlichsten okkulten Praktiken experimentieren. Wenn ich sie frage, was sie auf ihren nächtlichen Parties machen, erhalte ich oft erschreckende Antworten. Viele haben die Grenze zwischen Gesellschaftsspiel und Okkultismus überschritten. Auf ihren Parties veranstalten sie ominöse Sitzungen und hören Stimmen, erfahren übernatürliche Kräfte und erhalten durch Tischerücken unheimliche Antworten.

Nach meinem Vortrag vor der Teenagergruppe einer lebendigen Gemeinde sagte eine Mutter zu mir: »Diese Jugendlichen nahmen eine Verbrennung okkulter Gegenstände vor. Meine Tochter ist für diese Jugendgruppe unserer Gemeinde verantwortlich und sagte nach Ihrem Vortrag: ›Mutter, das Tischerücken und all die anderen Dingen sind Gott ein Greuel. Das steht in 5. Mose!‹« Übernatürliche Antworten durch Wahrsagerei oder andere Medien sind keine Hinwendung zu Gott – sie werden sogar strikt von ihm verboten (vgl. 5. Mose 18,9–14).

Meditation kann gefährlich sein

Sich in einen Zustand der Passivität sinken zu lassen, kann eine sehr gefährliche geistliche Übung sein, auf die sich auch Christen einlassen. Wenn wir unseren Geist für alle Gedanken und Vorstellungen, die einfach so kommen, öffnen, lassen wir uns auf ein gefährliches Spiel ein. Wir meinen vielleicht, uns Gott zu nahen, aber auf einmal hören wir statt seiner Satans Stimme!

Auf einem Gebetsseminar erzählte mir eine Frau, sie habe früher Yoga gelehrt und es jetzt aber aufgegeben. Als ich wissen wollte warum, erklärte sie:»Mir wurde auf einmal bewußt, daß ich mit Buddhisten, Hindus und Anhängern aller möglichen Religionen in einem Raum meditierte. Sicherlich durchströmt einen beim Meditieren ein Gefühl des Friedens und der Kraft, aber ich habe erfahren, daß ich allen Frieden und alle Kraft, die ich brauche, von unserem Herrn Jesus Christus bekommen kann. Also brauche ich keine Yoga-Meditation. Außerdem hat Gott mir gezeigt, daß es Sünde ist, mit Menschen zu meditieren, die den wahren Gott im Himmel nicht kennen.«

Wie töricht sind wir doch, wenn wir uns in eine solche Situation begeben! Natürlich ist es nicht ohne Bedeutung, *in wessen Gesellschaft* wir uns Gott nahen.»Was hat das Licht für Gemeinschaft mit der Finsternis?« (2. Kor 6,14).

Transzendentale Meditation ist eine Tarnung, mit der Satan versucht, in die Köpfe der Menschen einzudringen. TM wird in Schulen, Volkshochschulen, Bibliotheken und sogar in Kirchen gelehrt.

Als ich von einer Veranstaltung mit der Leiterin eines Frauenkreises nach Hause fuhr, kamen wir auf das Thema Kommunikation zu sprechen.»Mitten in der Nacht kommuniziere ich«, sagte sie,»Sie auch?« – »O ja«, entgegnete ich,»das mache ich auch.«

»Ich weiß genau, daß es etwas Höheres gibt, denn ich kann ›damit‹ sprechen«, fuhr sie fort. Schnell änderte ich das Pronomen und sagte:»Ich weiß genau, daß es *einen Höheren* gibt, denn ich kann mit ›ihm‹ sprechen. Ich spreche mit meinem Gott.«

Sie meinte weiter:»Mit was ich spreche, weiß ich nicht genau, aber ich weiß, daß es *etwas* gibt. Warum besuchen Sie nicht eine unserer Meditationsveranstaltungen? Dann können Sie uns berichten, wie Sie mitten in der Nacht kommunizieren und wir sagen Ihnen, wie wir es tun.« Ich hatte ein flaues Gefühl im Magen und war froh, aus dem Auto steigen zu können.

Gebet richtet sich immer nach oben – vom Betenden zu Gott, der im Himmel wohnt. Das ist die vertikale Dimension des Gebets. Das nächste Kapitel zeigt uns, wie diese Dimension zu einem Dreieck wird, wenn Gott sich wieder zur Erde wendet, um unsere Gebete zu erhören.

In Hebräer 11,6 heißt es, daß der Glaube, der Gott gefällt, zwei Seiten hat: 1. der Glaube, daß Gott ist, und 2. daß Gott ein Vergelter derer ist, die ihn suchen. Haben die heutigen Christen, vor Ausbruch der okkulten Welle, wirklich die ganze Bedeutung dieser Tatsache verstanden? Wissen wir denn nicht mehr, *wer* unser Gott ist – ein heiliger, erhabener und erhöhter Gott? *Diesem* Gott müssen wir uns nahen – dann wird er sich uns nahen.

Mose nahte sich Gott ganz praktisch, indem er »früh am Morgen aufstand und auf den Berg Sinai stieg« (2. Mose 34,4). Wissen Sie noch, was geschah, als er wieder herabstieg? Die Kinder Israels fürchteten sich, sich ihm zu nahen, weil die Haut seines Angesichts glänzte! Er mußte eine Decke vor sein Gesicht ziehen, weil es so sehr glänzte (2. Mose 34,29-35). Wäre es nicht gut, wir würden Gott so nahe kommen, daß wir zu strahlen anfangen? Uns ihm so sehr nahen, daß andere uns schon ansehen, daß wir in Gottes Nähe waren? Daß wir das Geheimnis seiner Gegenwart erfahren haben? Daß wir uns Zeit zur Gemeinschaft mit ihm genommen haben, bevor wir ihn mit unseren Anliegen bombardieren?

Anregungen für Sie:

Suchen Sie Gottes Nähe in völliger Stille, bevor Sie anfangen zu beten.

Vielleicht müssen Sie eine Sünde bekennen, die Gott Ihnen bewußt macht. Bekennen Sie sie, damit nichts zwischen Ihnen und Gott steht.

Nahen Sie sich ihm. Warten Sie, bis Sie Gottes Gegenwart spüren.

Loben Sie und danken Sie Gott für sein Wesen – und beten Sie ihn an.

Beten Sie für wenigstens ein Anliegen eines anderen Menschen.

Die horizontale Dimension
– was geschieht, wenn wir beten

»Aber ohne Glauben ist's unmöglich, Gott zu gefallen; denn wer zu Gott kommen will, der muß glauben, daß er sei und denen, die ihn suchen, ein Vergelter sein werde.«

Hebr 11,6

Mit der Betrachtung der horizontalen Dimension des Gebets schließt sich der Kreis. Wir haben erkannt, daß unser Gebet nicht erhört werden kann, solange noch Sünde in unserem Leben ist. Wir haben gelernt, nach Gottes Willen zu beten, damit er unsere Gebete erhören kann. Und wir haben die Notwendigkeit erkannt, uns Gott zu nahen und uns an seiner Liebe zu freuen, weil er nie einen Fehler macht.

Wir haben uns mit diesen Voraussetzungen befaßt, damit wir vollmächtig für andere beten können. Damit sind wir bei unserem Ausgangsvers des ersten Kapitels angelangt: »Des Gerechten Gebet *vermag viel,* wenn es ernstlich ist« (Jak 5,16). *Durch die horizontale Dimension des Gebets werden Auswirkungen von Gebetserhörungen auf dieser Erde sichtbar.* Jedoch gibt es keine horizontale Dimension ohne eine vertikale Dimension – ohne das Sich-Nahen-zu-Gott. Beide Seiten sind untrennbar miteinander verbunden wie die beiden entgegengesetzten Punkte eines Dreiecks mit Gott an der Spitze. Der Beter bittet Gott den Vater, der das Gebet empfängt, es sozusagen durch seinen Willen filtert, und dann wieder auf der Erde eingreift, um Menschen und Situationen zu ändern. *Die für uns Menschen sichtbaren Gebetserhörungen sind die horizontale Dimension des Gebets.*

Gebete in Sieben-Meilen-Stiefeln!

Haben Sie Familienangehörige, die viele Kilometer von Ihnen entfernt wohnen? Vielleicht geht Ihr Sohn oder Ihre Tochter ins Internat. Besonders in Amerika ist es keine Seltenheit, daß Familienmitglieder über mehrere Bundesstaaten hinweg räumlich voneinander getrennt leben. Zwischen meiner Tochter und mir liegen zum Beispiel der Staat Wisconsin und der riesige Michigan-See. Im Gebet finden wir jedoch zu einer Einheit, die die vielen Kilometer zwischen uns überbrückt. Gott sind nicht wie uns räumliche Schranken gesetzt. Er kann nicht nur Menschen, die miteinander in einem Raum sitzen und beten, Einheit schenken, sondern auch Menschen, die durch Kontinente getrennt werden. Wir haben das einmal ausprobiert.

Als ich mich mit meinen Gebetspartnerinnen Lorna und Sig ein Jahr lang jeden Donnerstag zum Gebet getroffen hatte, flogen mein Mann und ich für einige Zeit ins Ausland aufs Missionsfeld. Wir stellten fest, daß unsere planmäßige Ankunft in Äthiopiens Hauptstadt Addis Abeba, wo Sigs Tochter Shirlee und ihr Schwiegersohn Cliff stationiert waren, zeitlich mit dem Gebetstreffen von Lorna und Sig zusammenfallen würde. Wenn alles nach Plan verliefe, würden wir – unter Berücksichtigung der achtstündigen Zeitdifferenz – in Addis Abeba ankommen, kurz bevor sich Sig und Lorna in Amerika zum Beten treffen würden.

In Addis Abeba gingen außer uns alle Gäste übermüdet ins Bett. Als alles still im Haus war, trafen Cliff, Shirl und ich uns im Wohnzimmer, um zu beten. Schon nach wenigen Minuten spürten wir sehr deutlich, daß uns nichts von Lorna und Sig trennte. Es war so, als würden sie im gleichen Raum mit uns beten. Gott hatte den halben nordamerikanischen Kontinent, den Atlantischen Ozean und fast den ganzen afrikanischen Kontinent überbrückt und uns durch Seinen Heiligen Geist Einheit im Gebet geschenkt.

Als wir wieder nach Hause zurückkehrten, war ich natürlich sehr neugierig auf das, was an jenem Donnerstagnachmittag in Rockford passiert war. Hatten Sig und Lorna auch diese Einheit empfunden? Sig sagte damals zu ᵐir (und sie sagt es heute noch): »Ev, noch nie in meinem Leben als Christ habe ich Gottes Gegenwart und Wirken so deutlich gespürt wie an jenem Donnerstag, als wir trotz der Tausende von Kilometern zwischen uns diese wunderbare Einheit erfahren haben.« Auch das gehört zur horizontalen Dimension des Gebets – daß die Beter durch den allgegenwärtigen Gott vereint werden.

Wir kannten uns nicht

Auch Menschen, die sich noch nie begegnet sind, machen diese Erfahrung. Eine Frau aus unserer Gebetskette besuchte einmal in einer anderen Stadt eine Dame, von der wir nur den Namen kannten, um einen Pudel zu kaufen. Diese Dame namens Joy hatte eine große Operation hinter sich, bei der eine künstliche Speiseröhre eingesetzt worden war, und machte gerade eine schwierige Schwangerschaft durch. So war es logisch, daß unser »Gebetskettenglied« mit der Aufforderung zurückkam, für Joy zu beten, und wir fingen an, Woche für Woche und Monat für Monat für sie zu beten.

Nach der Geburt sagte Joy zu ihrem Mann, daß sie nur durch das Gebet jener Frauen in Rockford die Kraft und den Mut gehabt hatte, die Schwangerschaft durchzustehen. Aber das war noch nicht alles! Sie nahm Christus als ihren persönlichen Heiland an und wurde eine eifrige Missionarin. Jeder, der einen Pudel kaufen wollte, erfuhr von ihrer Bekehrung und den Frauen, die kilometerweit entfernt immer wieder für ihre körperlichen und geistlichen Nöte gebetet hatten. Bis heute habe ich Joy noch nicht persönlich kennengelernt und werde ihr wahrscheinlich auch nie begegnen, da ich nicht die Absicht habe, einen Pudel zu kaufen. Aber Gott hat unser Gebet trotzdem erhört!

Auf unseren Gebetslisten stehen die Namen von vielen Menschen, denen wir nie begegnet sind, aber Gott weiß, wer sie sind und wo sie sind. Er kennt ihre Bedürfnisse. Wir brauchen Gott nur unsere Anliegen vorzubringen – jedoch nicht die von uns gewünschten Antworten! – und er wird mit seiner mächtigen Hand jeden Menschen, für den wir beten, an jedem Ort und auf seine Weise erreichen.

Wenn wir beten, geschieht viel – vorausgesetzt, wir beten im Glauben! »Aber ohne Glauben ist's unmöglich, Gott zu gefallen; denn wer zu Gott kommen will, der muß glauben, daß er sei und denen, die ihn suchen, ein Vergelter sein werde« (Hebr 11,6). Wir müssen also glauben, daß er existiert und »daß er denen, die ihn suchen, ein *Vergelter* werde«.

Wenn wir im Glauben beten, werden wir eine vierte Auswirkung der horizontalen Dimension des Gebets erfahren: unsere Gebete werden auf wunderbare Weise erhört! Unsere Gebete fallen nicnt in ein Faß ohne Boden. Woher ich das weiß? Durch Gottes konkrete Gebetserhörungen auf meine konkreten Anliegen.

Wir haben schon früh in unserem Gebetsdienst wunderbare Gebetserhörungen erlebt. Bei unserem ersten Gebetsseminar überreichte mir eine Frau ein Anliegen für unsere Fürbittezeit. Sie wollte, daß ihre Schwester Christus aufnimmt. Sie sagte: »Wir haben alles versucht. Wir haben mit ihr gesprochen, wir haben sie zu Veranstaltungen eingeladen, aber sie ist dem Aufruf, Christus in ihr Leben aufzunehmen, nie gefolgt. Bitte betet für sie.« Obwohl wir noch nicht einmal ihren Namen wußten, beteten 250 Frauen für diese eine Frau.

In der nächsten Woche sprach mich diese Frau wieder an: »Stellen Sie sich vor, ich habe meine Schwester direkt nach unserem Seminar letzte Woche zu einem christlichen Frauenfrühstück mitgenommen, und innerhalb von zwei Stunden nach Ihrem Gebet hat sie Christus angenommen!« An diesem Tag lobten die 250 Beterinnen den Herrn sehr!

Eines Morgens vermißten wir eine Mitarbeiterin aus dem Vorbereitungskreis unseres Gebetsseminars. Sie hatte ihre Mutter mit Tuberkulose ins Krankenhaus gebracht. Jemand schlug sofort vor, für sie zu beten. Eine andere Mitarbeiterin fügte hinzu: »Das ist aber nicht die größte Not der Mutter. Weder die Mutter noch der Vater kennen Christus als ihren Heiland.«

Anstatt an diesem Morgen viel zu planen, beteten wir die meiste Zeit für diese beiden Menschen. Zwei Wochen nach dem Seminar sprach mich eine andere Mitarbeiterin an: »Ev, hast du schon die gute Nachricht gehört? Zwei Wochen nach unserem Gebet haben die Mutter und der Vater Christus angenommen!« »Bereits nach zwei Wochen! Des Gerechten Gebet vermag viel, wenn es ernstlich ist« (Jak 5,16).

Auf einem anderen Gebetsseminar beteten wir ganz speziell dafür, daß eine bestimmte Frau Christus annehmen möge. In derselben Nacht noch nahm sie Jesus als ihren Heiland an. In der gleichen Woche erlebten wir eine weitere Gebetserhörung. Eine Mutter wurde aus einem unserer Seminare herausgerufen, weil sich ihr kleiner Junge in der Schule das Bein verletzt hatte und nicht mehr auftreten konnte. Wir versprachen, in unserer Fürbitte für ihn zu beten. Als der Junge erfuhr, daß all diese Frauen für ihn beteten, sagte er: »Dann muß ja mein Bein in Ordnung sein!« Er warf den Eisbeutel weg und sprang aufs Fahrrad!

Im letzten Jahr schenkte uns Gott eine ganz wunderbare Gebetserhörung. Wir hörten von einer 23jährigen Frau mit zwei Kindern, die an einem bösartigen Gehirntumor erkrankt war. Es war die Art von Krebs, der wie die Fangarme einer Krake um sich greift, und die Ärzte gaben ihr nur noch wenige Wochen. Alle Seminarteilnehmerinnen beteten nicht nur für die Heilung dieser jungen Frau, sondern auch für die Verwirklichung von Gottes Willen in ihrem Leben. In diesem Fall hat Gott die junge Frau geheilt. Einige Wochen später hörten wir, daß der Tumor rasch zurückging und die Krebszellen im Körper verschwunden waren. Die Ärzte gaben ihr eine normale Lebenserwartung!

Was geschieht, wenn wir beten? Wir dürfen sicher sein, daß etwas geschieht. Unsere Gebete fallen nicht in ein Faß ohne Boden. Wir richten sie an den himmlischen Vater, der sie zu seiner Zeit und in seiner Weise nach seinem Willen beantwortet.

Gebetsanliegen verändern sich

Auf der horizontalen Gebetsebene können wir noch eine weitere Beobachtung machen: Unsere Gebetsanliegen verändern sich. Zu Beginn unserer Gebetsseminare wurden einige Teilnehmer für eine landesweite Großevangelisation geschult. Wir gingen alle mit großen Erwartungen nach Hause. Hinterher sagte ich zu meinem Mann: »Zuerst werden wir ein Jahr beten und dann ein Jahr evangelisieren.«

Er grinste und entgegnete: »Das funktioniert nicht!« – »Und warum nicht?« fragte ich verständnislos. »Weil jeder, der betet, automatisch auch evangelisiert. Eine betende Gemeinde ist immer auch eine evangelisierende Gemeinde«, erwiderte er.

Er sollte recht behalten. Als ich im zweiten Jahr unserem nationalen Komitee Bericht erstatten sollte, stellte ich fest, daß der Übergang zur Evangelisation bereits stattgefunden hatte!

Wir haben die Erfahrung gemacht, daß betende Menschen ganz automatisch evangelisieren; es ist nur natürlich für sie, mit anderen über Christus zu reden. Mit der Unterstützung von Gebetsketten richteten wir in unseren Gemeinden, Häusern, Büros und Gymnasien 35 Bibelkreise für Frauen, Ehepaare und Jugendliche ein. Einer der Bibelkreise bestand ausschließlich aus Hippies und traf sich regelmäßig zum Bibelstudium! Teilnehmer, die zum Glauben fanden, gründeten selbst wieder neue Kreise. Wir nahmen auch an einer Aktion teil, bei der wir an jeden Haushalt unserer Stadt ein Evangelium verteilten.

In meinem Bericht vor dem Nationalkomitee sagte ich: »Wir erleben, wie unser gesamtes Gemeindeprogramm immer evangelistischer wird – nicht durch verordnete Programme, sondern von innen – aus den Herzen der Mitarbeiter heraus... Unsere Ortsgemeinde ist selbst am meisten gesegnet worden, weil wir die Vorschläge des Komitees in die Praxis umsetzten, bevor sie überhaupt für realisierbar gehalten wurden.«

Möchten Sie, daß Ihr persönliches Leben und das Leben Ihrer Gemeinde evangelistischer wird? Wenn Sie persönlich und Ihre Gemeinde anfangen zu beten, werden Sie und Ihre Gemeinde evangelisieren, und Ihre Gebetsanliegen werden sich verändern.

Wenn ich meine Notizen aus der Zeit der Anfänge unserer Gebetsseminare durchlese, stelle ich fest, daß sich schon jemand ein Bein gebrochen oder etwas ähnlich Ernstes zugezogen haben mußte, damit wir die betreffende Person auf unsere

Gebetsliste setzten! Nur wenn das Problem äußerlich sichtbar war – ein Verband oder ein Gips etwa – gaben wir es an unsere Gebetskette weiter. Ansonsten wurde ihm keine große Aufmerksamkeit geschenkt.

Allmählich änderte sich das jedoch. Als wir anfingen, mit unseren geistlichen Augen zu sehen, sahen wir auch geistliche Nöte, die wir dann auf unsere Gebetsliste setzten. Gott kümmert sich um unsere äußeren Nöte. Er erwartet von uns jedoch nicht nur, daß wir für diese Nöte beten, sondern daß wir unseren Gebeten auch Füße verleihen, d. h., daß wir selbst praktisch helfen, wo wir können. Dabei dürfen wir jedoch nicht stehenbleiben. Wir müssen Gott bitten, uns unsere geistlichen Augen für die geistlichen Nöte um uns herum und besonders im Leben der Menschen, die Christus besonders brauchen, zu öffnen. Das ist nämlich die größte Not im Leben eines Menschen überhaupt. Aber wie können wir nun diese Gebetsanliegen anderen mitteilen?

Gebetspartner

Nach einem Abendessen auf einem Gebetsseminar, bei dem ich über die horizontalen Auswirkungen von Gebet gesprochen hatte, kam eine Frau auf mich zu und fragte mich fast verzweifelt: »Ich bin überwältigt von Ihren vielen Anregungen. Aber wie kann ich am besten damit anfangen?«

Außer dem persönlichen Gebet ist die beste Möglichkeit zur Fürbitte das Gebet mit *einem Gebetspartner*. Suchen Sie sich jemanden, mit dem Sie über die kleinen wie die großen Dinge sprechen können. Sie brauchen einen Menschen, dem Sie sagen können, daß Ihnen der kleine Zeh wehtut oder daß die ganze Welt um Sie herum zusammenbricht, einen Menschen, dem Sie vollkommen vertrauen können, der Sie nie verraten wird. Einen Menschen, der immer startklar ist und sofort für Sie betet, wenn Sie ihn anrufen. Wenn Sie dann zusammenkommen, beten Sie für die Dinge, die Gott in Ihrer Gemeinde, in Ihrer Familie und für andere, die in Not sind, tun will.

Gemeindegebetslisten

Wenn sich Ihre Fürbitte auf der horizontalen Ebene durch Ihr persönliches Gebet, Ihre Gebetspartner und -gruppen entwickelt hat, können Sie noch einen Schritt weitergehen. Eine der Gemeinden, in denen wir ein Seminar abhielten, ermutigt ihre Besucher, vor dem Gottesdienst Gebetsanliegen auf eine Liste einzutragen, auf der steht: »Während der Gebetszeit möchte ich, daß meine Schwestern und Brüder für folgendes Anliegen beten: ...« Dann folgt ein Leerraum und eine Linie für die Unterschrift. Die Listen werden eingesammelt und die Anliegen in der Fürbitte erwähnt.

In einer anderen Gemeinde schreiben die Besucher während des Morgengottesdienstes ihre Anliegen auf Karteikärtchen. Im Laufe des Tages werden diese Anliegen zusammen mit Anregungen zum Dank auf Blättern zusammengestellt, die im Abendgottesdienst verteilt werden. Dies sind gute Beispiele dafür, wie die Glieder des Leibes Christi füreinander beten und die Lasten des anderen tragen.

Gebetskalender

Gebetskalender sind eine weitere Möglichkeit, auf horizontaler Ebene systematisch zu beten. Dadurch lassen sich zwei Bereiche abdecken: Menschen und Ereignisse. Vielleicht hat jemand ein besonderes Anliegen an einem bestimmten Tag, oder es findet eine öffentliche Veranstaltung oder eine Evangelisation auf regionaler oder nationaler Ebene statt, für die besonders gebetet werden muß.

Zu Beginn unserer Gebetsseminare trugen knapp 30 Frauen ihre Namen in einen Gebetskalender ein. So betete an jedem Tag eine Frau für eine andere Frau, so daß für jeden täglich gebetet wurde.

Das war aufregend. Die Frauen sagten: »Ich habe gespürt, daß du für mich gebetet hast. Mein Tag verlief anders, weil ich wußte, daß mich jemand aus unserem Kreis im Gebet unterstützte und stärkte.«

Diese Gebetskalender können sehr unterschiedlich aussehen. Beten Sie auch für Missionare, Ihren Pastor und Ihre Gemeindemitarbeiter, Ihre Jugendkreise und speziellen Projekte. Es ist eine gute geistliche Übung!

Als wir damit begannen, alle diese unterschiedlichen Möglichkeiten auszuprobieren, fragte ich mich, ob auf horizontaler Ebene überhaupt etwas geschehen würde. Diese Frage stelle ich mir nun nicht mehr. Ich weiß jetzt aus Erfahrung, daß das Gebet eines Gerechten, wenn es ernstlich ist, viel vermag.

Anregungen zum Gebet:

Bitten Sie Gott, Ihnen den nächsten Schritt in Ihrem Gebetsleben zu zeigen – einen Gebetspartner (bitten Sie ihn um einen konkreten Namen), eine Gruppe, der Sie sich anschließen sollen oder eine neue Gebetsform für Ihre Gemeinde, Ihren Bibelkreis oder Ihre Familie.

Warten Sie, bis er zu Ihnen spricht.

Versprechen Sie ihm, daß Sie das, was er Ihnen klarmacht, sofort tun werden.

Vergeben lernen

»Und vergib uns unsere Schuld, wie auch wir vergeben
unsern Schuldigern.«   Mt 6,12

Eine horizontale Dimension des Gebets, die Jesus lehrte,
wird von Christen, die sich ein intensiveres Gebetsleben wün-
schen, oft übersehen. Diese Dimension hat mit den Beziehungen innerhalb einer Gruppe zu tun. Wenn eine Gruppe auseinanderfällt, sind meistens *gestörte Beziehungen* untereinander der
Grund dafür.

Im Vaterunser beten wir:»Und vergib uns unsere Schuld,
wie auch wir vergeben unsern Schuldigern« (Mt 6,12). Jesus
lehrte seine Jünger – und auch uns – wie sie beten sollen.
Wenn Sie möchten, daß Ihre Gebetsgruppe funktioniert, müssen
Sie nach diesem Grundsatz handeln.

Der Ausdruck *wie auch* beinhaltet eine Bedingung, die
bedeutet:»in dem Ausmaß wie« – in dem Ausmaß, wie ich
anderen vergebe, bitte ich Gott, mir zu vergeben.

Jesus erklärt das in den beiden Versen nach dem Vaterunser:
»Denn wenn ihr den Menschen ihre Verfehlungen vergebt, so
wird euch euer himmlischer Vater auch vergeben. Wenn ihr
aber den Menschen nicht vergebt, so wird euch euer Vater eure
Verfehlungen auch nicht vergeben« (Mt 6,14-15).

Erinnern Sie sich noch an die erste Voraussetzung für erhör-
liches Beten?»Wenn ich Unrechtes vorgehabt hätte in meinem
Herzen, so hätte der Herr nicht gehört« (Ps 66,18). Wenn
unser himmlischer Vater uns unsere Sünden nicht vergibt, werden diese Sünden ihn davon abhalten, unsere Gebete für andere
zu hören. Sie werden nicht viel ausrichten.

Solange unsere zwischenmenschlichen Beziehungen nicht in Ordnung sind, können wir nicht effektiv beten. Wir wissen aus dem ersten Kapitel, daß Gott immer bereit ist, das Gebet des Menschen zu erhören, der seine Schuld bekennt und Christus als seinen Heiland annehmen möchte. Gott erhört auch die Bitte des Christen, der um Vergebung seiner Sünden bittet. Wenn wir uns jedoch weigern, andern zu vergeben, sündigen wir. Wir können nicht mit Gott eins sein und effektiv für andere beten, wenn wir die Sünde der Unversöhnlichkeit pflegen – auch wenn wir alle anderen Sünden bekannt haben.

Als Jesus seine Jünger bei einer anderen Gelegenheit lehrte, im Glauben zu beten, ermahnte er sie: »Hört auf mich! Ihr könnt um alles bitten, was ihr wollt, wenn ihr im Glauben bittet, werdet ihr's empfangen! Aber wenn ihr betet, vergebt zuerst allen, gegen die ihr etwas habt, damit euer Vater im Himmel auch euch eure Sünden vergibt« (Mk 11,24-25 Living Bible).

Wie begegnen wir Menschen, die uns verletzen?

Vor einigen Jahren sollte ich im Sommer bei einem Gebetsfrühstück für Feriengäste und Frauen aus verschiedenen Gemeinden Michigans sprechen. Da wahrscheinlich einige der Gäste Jesus noch nicht kannten, rief ich die Gruppenleiterin der örtlichen Gebetskette an und nannte ihr mein Anliegen. Sie schrieb es auf und versicherte mir, daß sie sich darum kümmern werde. Da ich trotzdem noch das Gefühl hatte, besondere Fürbitte nötig zu haben, rief ich noch eine örtliche Gebetskette und meine frühere Gebetskette in Rockford an.

Nach dem Gebetsfrühstück rief ich zuhause die Gebetsketten an, um ihnen mitzuteilen, wie wunderbar Gott den Vormittag gesegnet hatte. Die Leiterin der Gebetskette, die ich zuerst angerufen hatte, schwieg einen Augenblick. Dann sagte sie: »Wir haben gar nicht gebetet.« – »Ihr habt nicht gebetet?« fragte ich erstaunt. »Nein«, erwiderte sie, »eine unserer Teilnehmerinnen sagte: ›Für Redner beten wir in unserer Kette nicht.‹«

Ich war perplex. Offensichtlich konnte diese Frau nur für ihr bekannte Anliegen beten und verstand nichts von dem geistlichen Kampf, der für dieses Gebetsfrühstück erforderlich war. Diese Frau hatte soviel Einfluß, daß niemand in der Gebetskette von meinem Anliegen erfuhr.

Darauf reagierte ich nur allzu menschlich. Ich wußte, meine Reaktion war falsch, aber ich ließ tagelang den Kopf hängen. Mein geistliches Leben wurde strohtrocken. Wenn Sie wollen, daß eine Gebetsgruppe auseinanderfällt oder austrocknet, brauchen Sie sich nur lange genug über jemanden zu ärgern.

Kurz nach diesem Vorfall fuhren Chris und ich in Urlaub in die 3 150 Meter hohen Rocky Mountains. Wir hatten eine Zeit der Gemeinschaft mit Gott geplant, aber ich konnte im Gebet nicht zu ihm durchdringen. Das Bibelstudium gab mir nichts, mein ganzes geistliches Leben war trocken wie Stroh. Ich rieb mich innerlich auf und fühlte mich elend.

Am Donnerstag jener Woche hatte ich dann genug. Um fünf Uhr früh schnappte ich mir die Bibel, ging zu den wunderbaren Kiefern vor dem Haus und kniete an einem der alten, gefällten Baumstämme nieder. Ich flehte zu Gott: »Ich kann dich nicht erreichen! Zeige mir, was in meinem Leben nicht stimmt.«

Ich blätterte durch meine Bibel, fand aber nichts, was auf meine Not zugetroffen hätte. Verzweifelt schlug ich noch eine Seite um, und meine Augen fielen auf den Vers: »Wenn aber jemand Betrübnis angerichtet hat ...« – »Herr, was ist bei mir nicht in Ordnung? *Ich* bin ja betrübt worden!« Gott schien mir zu sagen: »Lies bitte weiter!« Die nächsten Verse waren wie *Medizin* und heilten meine Verwundung.

Durch diese Bibelstelle redete Gott zu mir, und ich erinnere mich sogar noch genau an die Seitenzahl in meiner Bibel. Diese Medizin half mir, und sie hilft auch Ihnen. Mit der Medizin bleiben Ihre Gebetsgruppe und Ihre Gebetskette intakt. Sie finden sie in 2. Korinther 2,5-12.

»Wenn aber jemand Betrübnis angerichtet hat ...« (V. 5). Diese Frau hatte mich wirklich sehr betrübt. Obwohl ich selbst keine Schuld daran trug, war ich doch zutiefst verletzt.

»Es ist aber genug, daß derselbe von den meisten gestraft ist« (V 6). Auf einmal wurde mir klar, daß sie nicht nur vor

102

mir, sondern auch von anderen, die davon erfahren hatten, gemieden wurde.

»... so daß ihr nun ihm desto mehr vergeben ... sollt ...« (V. 7). Ich sah ein, daß ich vergeben mußte. Darum konnte Gott meine Gebete nicht erhören! Zwar hatte ich ihn um Vergebung gebeten, aber der Person, die mich bekümmert hatte, hatte ich nicht vergeben. So betete ich dann: »Vater, gib mir die Kraft, dieser Frau zu vergeben.« Gott erhörte mein Gebet, und von diesem Zeitpunkt an konnte ich ihr vergeben.

»... und ihn trösten sollt ...« (V. 7). Das schockierte mich nun doch, denn »trösten« bedeutet, den Kummer des anderen zu lindern und ihn zu ermutigen. »Herr«, protestierte ich, »hast du da nicht etwas verwechselt? *Ich* bin doch diejenige, die bekümmert wurde, warum soll ich *ihren* Kummer lindern?«

Der Herr aber bestand darauf, daß ich trösten, ermutigen und den Kummer lindern sollte, »damit er nicht in allzu große Traurigkeit versinkt« (V. 7).

Wenn uns jemand wehgetan hat, reagieren wir oft gehässig. Auch wenn wir es nicht sagen, zeigen wir doch durch unser Verhalten, daß es dem anderen ja nur recht geschieht. Gottes Wort sagt jedoch, daß wir einem solchen Menschen wieder aufhelfen sollen! Und wir sollen »ihm Liebe erweisen« (V. 8). Ich erkannte, daß ich alles andere als Liebe empfand.

Also betete ich: »Herr, gib mir die Liebe, die ich für diese Frau haben soll.« Und während ich noch an dem Kieferstamm kniete, spürte ich, wie Gottes Liebe mich durchströmte – und auf einmal konnte ich sie liebhaben.

Aber nun gab es noch ein Problem: Wie sollte ich ihr diese Liebe »erweisen«? Wir besuchten beide die gleiche Gemeinde. Am ersten Sonntag nach unserer Rückkehr entdeckte ich sie auf der gegenüberliegenden Seite. Von der Predigt nahm ich an jenem Sonntag kein Wort auf, ich betete nur: »Herr, wenn du möchtest, daß ich ihr meine Liebe zeige, mußt du sie mir über den Weg schicken. Ich blamiere mich doch nicht und laufe zu ihr hinüber!« Sicherlich kennen Sie solche Gebete.

Am Ende des Gottesdienstes öffnete ich die großen Doppeltüren des Hinterausgangs der Gemeinde und hätte sie beinahe umgerannt. Sie stand direkt vor mir.

Was sollte ich tun? Ich umarmte sie und sagte nur: »Ich möchte nur, daß du weißt, ich hab' dich lieb«. Sie begann zu weinen und sagte: »Und ich möchte nur, daß du weißt, mein Mann und ich beten für deinen Hauskreis.«

Wir hatten es beide »gewußt«. Einige Tage später setzten wir uns noch einmal zusammen und sprachen uns aus.

»... um eure Bewährung zu erkennen ...« (V. 9). Warum mußte ich zu ihr gehen? Wenn wir als derjenige, dem Unrecht zugefügt wurde, auf den anderen, der uns bekümmert hat, zugehen, zeigen wir, daß wir »erwachsen« sind.

»... damit wir nicht übervorteilt werden vom Satan ...« (V. 11). Das ist das Erschreckendste dabei. Daran liegt Satan am meisten – unsere Gebetsgruppen zu zersplittern, weil wir nicht vergeben und trösten können. Lassen wir es nie zu, daß er »einen Fuß zwischen die Tür bekommt«, denn wir kennen seine Pläne.

Vergebung gilt für jeden

Als ich in einer Sonntagsschulstunde über Vergebung sprach, kam nach dem Gottesdienst ein verantwortlicher Mitarbeiter zu mir: »Ich möchte Ihnen nur sagen, daß nach der Sonntagsschule zwei Männer unserer Gemeinde ein Problem ausgeräumt haben, das jahrelang zwischen ihnen stand und schon lange hätte gelöst werden sollen.«

Ein Mann, der eines unserer Seminare besuchte, hatte einem Verwandten 200 Mark geliehen, obwohl er das Geld selbst kaum erübrigen konnte. Nach einer Bibelarbeit über »Vergebung« sagte er zu mir: »Evelyn, gerade habe ich Gott gesagt, daß ich jetzt demjenigen vergeben will, der vor einigen Jahren Geld von mir geliehen und seitdem nie mehr ein Wort darüber verloren hat. Ich wurde immer verbitterter, aber ich weiß, daß ich jetzt zu ihm gehen und ihm meine Liebe zeigen muß. Wenn ich heute abend nach Hause komme, werde ich den Schuldschein von damals heraussuchen und ihm zuschicken mit dem Vermerk: ›Alles bezahlt‹.«

Anregungen:

Bitten Sie Gott, Sie an den Menschen zu erinnern, der Sie bekümmert hat und dem Sie nicht vergeben haben.

Bitten Sie Gott um Verzeihung für die Sünde, daß Sie diesem Menschen nicht vergeben haben.

Vergeben Sie diesem Menschen, und bitten Sie Gott um die Kraft und Fähigkeit dazu.

Bitten Sie Gott um soviel Liebe für diesen Menschen, wie er Ihnen jetzt schenken möchte.

Fragen Sie Gott, wie Sie diesem Menschen Ihre Liebe zeigen können.

Warten Sie in der Stille auf seine Antwort.

Versprechen Sie Gott, das zu tun, was er Ihnen aufträgt.

Tun Sie es!

Telefongebetsketten

»Sorget euch um nichts, sondern in allen Dingen laßt eure Bitten in Gebet und Flehen mit Danksagung vor Gott kundwerden.«   Phil 4,6

Als ich im Herbst 1970 von Rockford, Illinois, wegzog, vermißte ich die 115 Frauen, die in den Telefongebetsketten für mich beteten, am meisten. Immer, wenn ich sprechen mußte, wenn ich krank war, wenn es in meiner Familie ein Problem gab, beteten diese Frauen. Natürlich war ich nicht die einzige, für die sie beteten. Sie brachten auch die physischen und geistlichen Nöte von vielen anderen vor Gott.

Nach unserem Umzug nach Minnesota pflegte ich noch lange Zeit den heißen Draht zu Rockford, um Gebetsanliegen an die Gebetsketten weiterzugeben. Natürlich gab es auch in meiner neuen Heimat Beter, aber ich hatte sie noch nicht gefunden. Heute muß ich nicht mehr so oft in Rockford anrufen, da es jetzt viele lebendige Gebetsketten in unserer Gegend gibt.

Sicherlich haben Sie schon erraten, daß ich sehr viel von Gebetsketten halte. Wenn ich diese Gebetsketten um Unterstützung bitte, bin ich oft in einer Lage, in der vieles von Gottes Antwort abhängt. Und wenn Er antwortet, handle ich entsprechend. Wenn viele Menschen gleichzeitig für das gleiche Anliegen beten, bekommt das Gebet eine große Kraft. In meinem Leben haben sich viele großartige Dinge ereignet, weil diese Gebetsketten für mich gebetet haben.

Autorität gegen den Feind

Als ich zum Beispiel anfing, öffentlich über okkulte Dinge zu sprechen, überkamen mich sehr unangenehme Gefühle. Manchmal war ich nach einem Vortrag so voller Ärger und Groll, daß ich am liebsten gegen meinen Wagen getreten hätte. Meiner Familie fiel auf, daß ich ein anderer Mensch wurde, wenn ich über dieses Thema sprach. Woher kam das? Ich drang in den Machtbereich Satans ein. Dann nahm ich den Rat einer führenden christlichen Persönlichkeit auf dem Gebiet des Okkultismus an und bildete eine Gebetskette, die aus den 10 glaubensstärksten Beterinnen bestand, die ich kannte. Als ich das nächste Mal über dieses Thema sprach, waren alle negativen Gefühle verschwunden. Seitdem diese Gebetsgruppe besteht, habe ich bei Vorträgen über dieses Thema immer nur Jesu Sieg erfahren.

Persönliche Nöte

Als ich einmal zu verschiedenen Veranstaltungen in einem anderen Bundesstaat flog, bat ich mehrere Telefongebetsketten, genau dann, wann ich in einer Fernseh-Talkshow auftreten sollte, für mich zu beten. Nach einem christlichen Frauenfrühstück wurde ich schnellstmöglich zum Fernsehstudio gefahren, um an der zweiten halben Stunde dieser Talkshow teilzunehmen. Ich kam genau in der Pause nach der ersten halben Stunde an, in der Werbung ausgestrahlt wurde. So wußte ich nicht, daß ein bekannter Schein-Evangelist aus Korea vor mir im Programm gewesen war. Hätte ich es gewußt, wäre ich sicherlich sehr nervös geworden. Aber so sprach ich sehr enthusiastisch über das Thema Gebet. Freunde, die das ganze Programm gesehen hatten, erzählten mir hinterher, wie unterschiedlich die beiden Programme gewesen seien. Gott hatte mich bewahrt – weil so viele Menschen gleichzeitig für mich gebetet hatten.

In einem schon übervollen Ordner sammle ich alle Gebetsanliegen und -erhörungen, die von der Gebetskette in Rockford bereits durchgebetet wurden. Als ich bei der Materialsammlung für dieses Buch den Ordner durchsah, entdeckte ich oft meinen Namen, so z. B. am 14. April: »Betet für Evelyn. Sie hat die Grippe und soll heute Abend in Janesville sprechen. Die Zuhörerinnen wollen mehr über Gebetsketten und wirksames Gebet erfahren.«

15. April: »Evelyn hat die Veranstaltung gut überstanden. Viele der Zuhörerinnen wurden angesprochen und wünschten sich eine Veränderung in ihrem Leben.«

Die Gebetskette betete für meine körperliche Gesundheit (daß Gott mich – wenn es sein Wille war – so weit wiederherstellen würde, daß ich meine Verpflichtung wahrnehmen könnte), für meine Veranstaltungen und für geistliche Vollmacht in meinem Dienst.

Vielleicht haben Sie das Gefühl, daß Sie nicht so wichtig sind, als daß sich eine große Gruppe Ihrer Anliegen annehmen würde. Trotzdem können Sie großen Segen durch die Gebetsunterstützung anderer erfahren, wenn Sie sich nur einen oder zwei Gebetspartner suchen, mit denen Sie regelmäßig beten – miteinander und füreinander. Meine Gebetskette hat auch mit nur acht Teilnehmern angefangen. Wollen Sie es nicht einmal versuchen?

Segen für die ganze Familie

Gebetsketten sind auch für Ihre Familie ein Segen. Wenn Sie Ihren Kindern das Beten beibringen wollen, gibt es kein besseres Mittel als eine Gebetskette.

Wenn die Kinder sehen, wie die Mutter am Telefon ein Gebetsanliegen weitergibt und nach dem Auflegen sofort selbst betet, wissen sie, daß ihre Mutter an die Kraft des Gebets glaubt.

Und wenn dann das Telefon erneut klingelt und die Gebetserhörung durchgesagt wird, erfahren sie, wie sie sich freut und Gott dafür dankt.

Mit den Anrufen der Gebetsketten können die Kinder und andere Familienmitglieder Gebetserhörungen miterleben. Sie bekommen auch den ganzen Ablauf mit: bestimmte Anliegen werden weitergegeben, bestimmte Gebetserhörungen treffen – nach Gottes Zeitplan – ein, und der Dank geht an Gott zurück. Für unsere Familie war das jahrelang der beste »Unterricht« für die Erziehung unserer Kinder. Unsere beiden Töchter sind so sehr von dem Segen der Gebetsketten überzeugt, daß sie keine Ferngespräche scheuen, damit wir ihre Anliegen erfahren. Kurt, der als einziger noch zuhause wohnt, platzt ab und zu mit der Aufforderung heraus, daß es wohl an der Zeit wäre, die Gebetskette anzurufen.

Als Kurt und ich die Decke unserer Veranda strichen, klingelte das Telefon, aber ich hatte es nicht sonderlich eilig, weil ich auf der Leiter stand und die Farbe an meinen Armen hinunterlief. Unsere Tochter Nancy nahm ab und rief: »Bleib, wo du bist, Mama, es ist nur eine neue Gebetserhörung.«

Nancy war an ihrem Hochzeitstag selbst ein Gebetsanliegen. In meinen Unterlagen steht: »8. Juni, 6.30 Uhr. Chris bat die Gebetskette um Gebet für ein besonderes Anliegen: ›Betet für Nancy, sie bricht und hat Durchfall. Bittet um Gottes Eingreifen, damit sie heute abend um 19.30 Uhr heiraten kann!«

Der Eintrag am 9. Juni lautet: »Preist den Herrn. Nancy war noch etwas flau im Magen, aber sie hat die Hochzeit gut überstanden!«

In Rockford erlebten wir einmal auf lustige Weise, wie Kinder von Gebetsketten beeindruckt sind. Unsere Kindermitarbeiterin Gail unterrichtete eine Gruppe von Fünft- und Sechstkläßlern im Gebet und sagte zu den Kindern: »Bitte betet für die Frau unseres Pastors. Sie spricht heute in Chicago.«

Ein kleiner Junge hob die Hand und wandte ein: »Machen Sie sich keine Sorgen. Kennen Sie diese Dings-da, diese Gebetskettendings? Die haben schon dafür gebetet. Damit ist die Sache schon erledigt.«

Gebetsketten sind eine wunderbare Möglichkeit, das Vertrauen in einen Gott, der Gebete erhört, zu stärken. Lassen Sie Ihre Kinder mithören, wenn Ihnen am Telefon Gebetserhörungen durchgegeben werden. Es wird Ihrer ganzen Familie zum Segen werden.

Nicht nur Mütter, sondern auch ganze Familien beten in Gebetsketten. Ich erinnere mich an einen Sonntag in Rockford, als ein bekannter Gospelsänger und seine Familie seine Eltern besuchten. Er ist von der Hüfte abwärts gelähmt, und an diesem Tag hatte sein Harnsystem aufgehört zu funktionieren. Um 18 Uhr abends war die Familie ziemlich beunruhigt und rief die Erste-Hilfe-Station im Krankenhaus an.

Als sie schon zum Krankenhaus fahren wollten, sagte seine Mutter:»Laßt uns zuerst die Gebetsketten anrufen.« Um 18.20 Uhr – zu einer Zeit, zu der sich alle Besucher des Abendgottesdienstes zu Hause fertig machten – wurden die Gebetsketten zum Einsatz gerufen. Das Anliegen hätte zu keinem besseren Zeitpunkt durchgegeben werden können – alle waren zuhause. Ganze Familien ließen alles stehen und liegen und beteten für diesen jungen Mann. Seine Mutter erzählte später:»Etwas Erstaunliches geschah. Als die Gebetsketten beteten, schien ein elektrischer Schock durch das Haus und den Körper meines Sohnes zu gehen. Wir brauchten ihn nicht mehr ins Krankenhaus zu bringen, weil sich sein Harnsystem wieder normalisiert hatte.«

Auch die Gemeinde ist eine große Familie

Am Sonntag, den 23. März, erlebten wir wieder auf wunderbare Weise, was geschieht, wenn ganze Familien an Gebetsketten teilnehmen. Der Eintrag in meinem Ordner lautet:»Bitte betet für Becky. Ihre Wehen haben angefangen. Das Kind soll erst in sieben bis acht Wochen zur Welt kommen.« Dieses Anliegen erreichte an diesem Morgen 120 Familien, bevor sie das Haus verließen, um zum Gottesdienst zu gehen. Mütter, Väter und Kinder ließen alles stehen und liegen und beteten.

Später wurde das Anliegen in allen Sonntagsschulklassen (für Kinder und Erwachsene) weitergegeben; die ganze Gemeindefamilie betete für Becky. Der Eintrag am 24. März lautet:»Betet für Becky und ihre knapp vier Pfund schwere Tochter.« Am 25. März war das Anliegen dringend:»Bei Beckys Baby haben sich Komplikationen in der Lunge ergeben. Bittet Gott, daß seine Stärke Becky und Eddie durchträgt und daß er, der nie einen Fehler macht, das Beste tun wird.« Gott wirkte auf wunderbare Weise.

Becky und ich gehörten zu dem selben Mütterkreis. Jeden Monat brachte sie diese gesunde, glückliche, kleine »Gebetserhörung« mit zu den Veranstaltungen und setzte sie in die Mitte des Kreises auf eine Decke – welch beeindruckende Erinnerung daran, daß Gott Gebete erhören kann!

Segen auch im Krankenhaus

Viele Anliegen der Gebetsketten betreffen Menschen, die im Krankenhaus liegen. Ein Eintrag in meinem Ordner lautet: »Alice besuchte Inez, die bemerkte: ›Deine Freunde scheinen wirklich zu beten. Gott war mir so nahe, und ich hatte keine Angst mehr.‹ Die Untersuchungen haben einen bösartigen Tumor ergeben, und die Schwestern und Zimmerkolleginnen verstehen nicht, wieso sich ihre Einstellung so verändert hat. Sie sagt ihnen, daß Gott ihr neuen Mut geschenkt hat und sie sich nicht mehr fürchtet.«

Von vielen anderen Patienten erhielten wir Anrufe und Briefe, in denen sie sich für unsere Fürbitte bedankten. Die meisten schrieben oder sagten uns: »Ich konnte spüren, daß ihr gebetet habt.«

Segen im Bibelkreis

Spannende Gebetserhörungen ereignen sich auch in unseren Bibel- und Hauskreisen. Lynn drohte uns zum Beispiel bei ihrem ersten Besuch an, unseren Hauskreis auseinanderzubringen. Sie tat alles Menschenmögliche, um uns davon zu überzeugen, daß für *sie* in der Meditation die Antworten auf die Fragen nach dem Sinn des Lebens lägen. Unsere Gebetsketten beteten bereits für sie, und bei ihrem zweiten Besuch nahm sie Jesus als ihren Erlöser an. Danach sagte sie zu mir: »Ich möchte mich gerne der Gebetskette anschließen, die für mich gebetet hat.« Sofort bat sie um Fürbitte für ihre Freundin Sandy, die

Jesus noch nicht kannte. Und eines Tages rief sie ganz aufgeregt:»Sandy hat Jesus angenommen!« Nach einer langen Pause fügte sie hinzu:»Nun müssen wir jemand anderen auf die Gebetsliste setzen«.

Glauben Sie an die Kraft des Gebets und daß Gott antwortet? Lynn tut es.

Segen auf Seminaren

Kürzlich erhielt ich einen Anruf von der Leiterin eines früheren Gebetsseminars. Daran wird deutlich, wie aus Seminaren heraus Gebetsketten entstehen. Sie sagte:»Ich fahre nach Kalifornien und wollte dir sagen, was wir in unserer Gegend getan haben. Wir haben gerade sechs Gebetsketten gebildet und haben fast schon genug Leute für eine siebte. Wir haben drei Telefonketten am Morgen, eine am Abend und eine SOS-Gebetskette, die rund um die Uhr einsatzbereit ist. Männer wie Frauen nehmen an dieser Kette teil. Jede Kette betet im Durchschnitt für drei bis neun Anliegen täglich.«

»Und was passiert?« wollte ich wissen. Sie antwortete:»Wir beten für äußerliche und für geistliche Probleme in den Familien, und wir erleben, wie Gott unsere Gebete erhört und sich schwierige Situationen klären. Außerdem herrscht unter den Gebetskettengliedern aus unterschiedlichen Konfessionen eine wunderbare Einheit.«

Die Leiterin einer anderen Gebetskette schrieb:»Überall entstehen jetzt Gebetsketten – Männer-, Frauen- und sogar Kindergebetsketten!« Gebetsketten sind nicht nur Frauensache. Es ist eine aufregende Sache, wenn sich eine ganze Gemeinde an Gebetsketten beteiligt – der Pastor, die Mitglieder verschiedener Leitungsgremien, die Sonntagsschule – einfach alle. Ein Gastprediger begann auf einem unserer Gebetsseminare eine reine Männergebetskette. Er forderte die Männer seiner Gemeinde heraus:»Es gibt Anliegen, für die ich nicht die Frauen um Fürbitte bitten kann. Ich brauche ein paar Freiwillige unter den Männern.« Und alle machten mit!

Gebetskettenleiter

In Rockford hatten wir zehn Gebetsketten mit ungefähr je zehn Teilnehmern. Da wir erreichen wollten, daß so viele wie möglich gleichzeitig beteten, rief unsere Leiterin, nachdem sie das Anliegen angenommen und wörtlich aufgeschrieben hatte, die Leiterinnnen aller zehn Gebetsketten an, so daß 15 Minuten später 115 Frauen beteten.

Die Gebetsanliegen können aus den unterschiedlichsten Quellen kommen, aber wichtig ist, daß nur das Wesentliche weitergegeben wird. Eine Gebetskettenleiterin mit Unterscheidungsvermögen wird merken, wenn etwas zu persönlich ist und zurückfragen: »Ist die Person, für die du um Gebet bittest, damit einverstanden?« Unsere Gebetskettenleiterin besitzt einen erstaunlichen geistlichen Durchblick. Sie formuliert die Anliegen stets sehr bedacht. Jahrelang half sie mir bei der Hausarbeit im Pfarrhaus, und viele Stunden verbrachten wir im Gebet. Eines Tages konnte sie jedoch nach mehreren Operationen die Hausarbeit nicht mehr länger machen. Gott berief sie zur Leiterin unserer Gebetskette.

Als sie die Aufgabe übernahm, stand sie in der Frauenversammlung auf und sagte: »Ich danke Gott für all die Schmerzen und Operationen, denn er hat mir gezeigt, daß ich für Evelyn noch mehr tun kann als bügeln und Plätzchen backen.«

Bitte keinen Tratsch

Das Zeugnis eines Menschen, für den unsere Gebetskette gebetet hatte, zeigt, wie sehr sich die Glieder der Gebetskette ihrer Sache verpflichtet fühlen.

Die Gastgeberin des Bibelkreises, in den ich drei Jahre lang ging, hatte eine Tochter, die von zu Hause ausgezogen war und die Nachfolge Jesu verlassen hatte. Unsere Gebetsketten beteten unaufhörlich für dieses Mädchen – als ihre Ehe zerbrach, als sie geschieden wurde und als sie wieder heiratete – und sie beteten auch für ihren neuen Partner.

Als sie eines Tages im Auto unterwegs waren, hielten sie

113

an einem Parkplatz an, stiegen aus dem Auto und knieten beide nieder, um – ohne menschliches Eingreifen – Jesus als ihren persönlichen Erlöser anzunehmen. Als sie wieder zurück nach Rockford kamen, legte der Ehemann in einem Sonntagmorgengottesdienst Zeugnis ab: »Meine Frau und ich verdanken unsere Errettung den Gebetsketten dieser Gemeinde.«

Als sie danach zum Studium auf ein christliches College gegangen waren, sagte die Frau zu einigen Ehefrauen am College: »Was mich dabei wirklich erstaunte, war, daß nicht eine der 115 Gebetskettenteilnehmerinnen getratscht hatte. Sie alle wußten, daß ich geschieden und zum zweiten Mal verheiratet war, aber sonst wußte es niemand.«

So sollte es sein. Manchen fällt es vielleicht schwer, vertrauliche Informationen für sich zu behalten. In diesem Fall sollten sie den Gebetskettenleiter bitten, ihren Namen von der Liste zu streichen.

Für unsere Gebetskettenglieder hat es sich als Hilfe herausgestellt, daß sie in Anwesenheit der anderen bestimmte Verhaltensregeln unterschreiben. Damit verpflichten sie sich nicht vor einem Menschen oder dem Gebetskettenleiter, sondern vor Gott.

Unsere wenigen Grundregeln sind einfach: Gebetskettenglieder verpflichten sich, sofort zu beten, wenn Anliegen durchgegeben werden. Sie versprechen auch, das Anliegen sofort an das nächste Glied der Gebetskette weiterzugeben. Sie dürfen dem Anliegen nichts hinzufügen oder etwas davon weglassen. Und sie müssen es vertraulich behandeln – Tratsch ist verboten.

Kettenreaktion

Gebetsketten verbinden die Menschen untereinander auf wunderbare Weise. Die Kettenreaktion begann, als uns unsere Tochter am 12. Mai 1970 anrief: »Betet für einen Professor an unserem College und dessen Frau, die schlimme Rückenprobleme hat. Sie sollte sofort operiert werden, aber es ist gerade eine Schwangerschaft festgestellt worden. Sie muß viel liegen und darf wegen des Babys keine Schmerztabletten nehmen.« Wir beteten in regelmäßigen Abständen für Sharon.

Als ich zwei Jahre später nach St. Paul zog und in dem gleichen College meine erste Bibelstunde abhielt, begegnete ich auf dem Parkplatz einer jungen Mutter mit ihrem Kleinkind im Schlepptau: »Ich bin Sharon«, stellte sie sich vor. »Sind Sie die Sharon, für die unsere Gebetskette betete, als unsere Tochter Jan sich so große Sorgen um die Frau ihres Professors machte?« fragte ich zurück.

Als sie lächelte und nickte, sagte die Freundin, die gerade neben ihr stand: »Das ist also der Grund, weshalb du eine so leichte Entbindung hattest!«

Kurz darauf hielt ich ein Seminar in Kalifornien ab. Als ich Jans Bitte aus dem Jahr 1970 als Beispiel aus meinem Gebetsanliegenordner zitierte, meldete sich eine Frau aus der hintersten Reihe zu Wort: »Ich habe ein dringendes Anliegen von Sharons Schwiegermutter. Sharons Schwager ist an einem sehr bösartigen Gehirntumor erkrankt.« Alle anwesenden Frauen spürten, wie dringend dieses Anliegen war und teilten sich in Gruppen zu je vier Personen auf, um »einmütiges Beten« zu praktizieren.

Nach meiner Rückkehr nach St. Paul setzte ich dieses dringende Anliegen auf die Liste der Gebetskette der Ehefrauen am College. Auch wir beteten weiter für die Nöte dieses Professors nach der langen, schweren Krankheit und dem Tod seines Bruders. Und wer ist wohl heute die Leiterin der College-Gebetskette? Sharon.

Sharon gehörte auch zu meiner ersten persönlichen Gebetskette. Diese Gebetskette ist immer noch aktiv, und im letzten Jahr beteten wir Sharon durch eine weitere schwierige Schwangerschaft hindurch. Das Kind kam verspätet zur Welt und mußte operiert werden. Auch Sharons Rückenschmerzen bewegten wir weiter im Gebet – viereinhalb Jahre vorher hatten wir bereits in Rockford dafür gebetet! Später unterzog sich Sharon dieser Operation, und daraufhin waren Mutter und Kind wohlauf!

Telefongebetsketten (wie auch alle anderen Gebetsformen) verbinden die Menschen auf horizontaler Ebene in einzigartiger Weise. Das Wunderbare ist jedoch die Tatsache, daß jeder einzelne direkt mit der Kraftquelle des Universums verbunden ist – mit unserem Gott im Himmel!

»Herr, lehre mich beten. Amen.«

hänssler

Weitere Bücher der Autorin:

Evelyn Christenson
Was geschieht, wenn Gott antwortet?
Pb., 240 S.,
Nr. 392.323
ISBN 3-7751-2323-7

Gott antwortet – das ist für Evelyn Christenson sonnenklar, aber dann geht es erst richtig los: In einzelnen Schritten zeigt sie, wie wir bereit werden, uns von Gott verändern zu lassen und wie wir Wege finden, Gottes Antwort praktisch umzusetzen.

Bitte fragen Sie in Ihrer Buchhandlung nach diesem Buch!
Oder schreiben Sie an den Hänssler-Verlag, Postfach 12 20, D-73762 Neuhausen.

hänssler

Evelyn Christenson

Was geschieht, wenn wir für unsere Familien beten?

Gb., 220 S.,
Nr. 391.989
ISBN 3-7751-1989-2

Betende Frauen verändern Familien! Ein Buch voller anschaulicher Beispiele, wie Sie für Ihre Familien beten können – in den Glücksmomenten, aber auch durch schwere Zeiten hindurch: wenn Nachwuchs erwartet wird, wenn Beziehungen zerstört sind, wenn Kinder gefährdet sind, wenn Tod die Familie bedroht ...

Bitte fragen Sie in Ihrer Buchhandlung nach diesem Buch!
Oder schreiben Sie an den Hänssler-Verlag, Postfach 12 20,
D-73762 Neuhausen.